AF198058

Anstelle eines Dankeschöns

Die Motivation zu diesem Buch ist der Tatsache meiner vielen Recherchen geschuldet. Es gibt eine große Anzahl an Foren und Blogbeiträgen, die das Thema große Frau und all ihre Probleme beleuchten.

Neugierig geworden, konnte ich allerdings kein deutschsprachiges Buch dazu finden. Große Frau ist auch das falsche Stichwort bei der Suche. Das ist all denjenigen Frauen zugeschrieben, die auch Großes geleistet haben, was ja nichts mit der Körpergröße zu tun haben muß.

Lang ist hier der Schlüssel zu einer guten Stichwortrecherche.

Beeindruckt hat mich seinerzeit die Doku „Tall Girls" von Edda Baumann-von Broen. Das war 2011. Für mich ein großer Trost.

Greta Schaf

Eine Giraffe erzählt

Ein biographischer Ratgeber
Großwuchs bei Mädchen und Frauen

© 2018 Lupita Fox UG
Erste Auflage

Herausgeber:Lupita Fox UG
Autor: Greta Schaf
Umschlaggestaltung, Illustration: Lupita Fox UG
Lektorat, Korrektorat: Lupita Fox UG

Verlag: tredition GmbH, Hamburg
978-3-7469-9214-3 (Paperback)
978-3-7469-9524-3 (Hardcover)
978-3-7469-9216-7 (e-Book)

Das Werk, einschließlich seiner Teile, ist urheber-
rechtlich geschützt. Jede Verwertung ist ohne Zu-
stimmung des Verlages und des Autors unzuläs-
sig. Dies gilt insbesondere für die elektronische
oder sonstige Vervielfältigung, Übersetzung, Ver-
breitung und öffentliche Zugänglichmachung.

Bibliografische Information der Deutschen Nationalbibliothek:
Die Deutsche Nationalbibliothek verzeichnet diese
Publikation in der Deutschen Nationalbibliografie;
detaillierte bibliografische Daten sind im Internet
über http://dnb.d-nb.de abrufbar.

Inhaltsverzeichnis

Die Giraffe

ist mit einer Größe von bis zu 5,7 Metern das größte Landtier, das untereinander auf Infraschallfrequenzen kommuniziert. Diese tiefen Töne könne sie über weite Distanzen hören; wir allerdings nicht.

Sie kommen länger ohne Wasser aus als Kamele und beweiden vorzugsweise Akazien.

Ihre Charakterzüge werden mit friedliebend und dumm umrissen.

Eher unschlau sind geistige Hochleistungen nicht zu erwarten. Sie zu trainieren verlangt ein hohes Maß an Ausdauer. Vielleicht sind sie deshalb vornehmlich in Zoos zu finden und nicht im Zirkus.

Das Einzige, was ich mit der Giraffe gemein habe, ist die körperliche Länge – und die langen Beine.

Familie

Der Ex

Erzeuger meiner Jungs. Ich verließ ihn kurz vor der Silberhochzeit.

Die Jungs

Carl Darko und Hans Jaro

Vati

Der Herr Papa - Apotheker und Eigenbrödler

Mutti

Frau Mama - Apothekenhelferin, Mutter und Hausfrau

Thomas und Matthias

Meine Brüder - in Kindertagen die Pest

Onkel Justus

Ein Großonkel mütterlicherseits und Lebenskünstler

Omi & Opi

Die Großeltern väterlicherseits

Oma & Opa

Die Großeltern mütterlicherseits

Wie es begann

„Ich! Ich! Ich!", schreie ich laut, reiße meinen Arm hoch und schwenke ihn nachdrücklich vor und zurück wie ein I-Männchen, das unbedingt sein Wissen loswerden will, und dränge mich durch die Anderen bis ganz nach vorn. Mutter Natur verteilt ihre Gaben.

„Du bist spät, Katharina", sagt sie und reicht mir mein Körbchen.

„Dankeschön, Mutter Natur", sage ich.

Die Anderen gucken mich groß an und rücken respektvoll einen Schritt zurück.

„Du bist ein Mädchen!", sagt jemand.

„Und?", frage ich.

„Aber Du bist ganz schön groß für ein Mädchen!", klingt es aus einer anderen Richtung.

„Wieso?", kommt es von mir.

„Hast Du nicht zugehört als Mutter Natur dir die Geschenke ins Körbchen gelegt hat?", tönt es schräg hinter mir.

„Sie hat alles aufgezählt, was sie hineingelegt hat."

„Ne! Ich bin aufgehalten worden, gerade erst gekommen", erwidere ich.

Ich suche mir ein ruhiges Plätzchen um den Inhalt genauer zu betrachten. Auf einigen Päckchen,
Karten und Briefen steht „Überraschung" oder
„für später". Andere sind ganz genau beschriftet.
So ist die Karte, die ich herausfische, beschriftet
mit: „1,85, weiblich, brunette, grüne Augen".

„Warum runzelst du so die Stirn?", fragt Heiner
der gute Geist. Geräuschlos läßt er sich neben mir
nieder und liest die Karte, die ich ihm hin halte.

„Hm! Ganz schön ..."

„Ja, ja", falle ich ihm ins Wort, „groß für eine
Frau. Das haben mir die anderen schon gesagt. Ich
bin gut 20 cm größer als die Durchschnittsfrau und
sogar fünf cm größer als der Durchschnittsmann!
Tolle Wurst!"

„Ach komm", sagt Heiner, „hab' dich nicht so!
Wird schon lustig werden!"

Erziehung & Manieren

Groß sein und trotzdem zum Kleinsein erzogen. Ein Widerspruch, der auch durchaus an der Körpersprache erkannt wird. Warum ein Mensch auf uns komisch wirkt, können wir manchmal nicht ausmachen. Es ist ein Gefühl, das uns sagt:

„Hier stimmt was nicht!"

„Du bist aber groß!", sagte die fremde Dame, beugte sich zu mir herab und reichte mir die Hand.

„Guten Tag!", sagte ich artig und machte einen Knicks. So war das Anfang der 70er Jahre als ich noch fast das ganze Jahr bei Omi und Opi verbrachte.

Omi legte großen Wert auf Manieren. Guten Tag sagen, ja bitte, nein danke, nicht mit nacktem Finger auf angezogene Leute zeigen, Hände waschen, nur reden, wenn man gefragt wird, immer ein Taschentuch dabei haben und die Haare nett. Repräsentieren war für sie als Frau Doktor eine Aufgabe, der sie nur zu gerne nachkam.

Rückblickend könnte man beinahe sagen, ich war während meiner ersten fünf Lebensjahre so etwas wie ein kleines, wohlerzogenes Hündchen für sie.

Sie lehrte mich bügeln, da war ich noch nicht ganz vier Jahre alt. Mit Hingabe durfte ich mit einem schweren Eisen die Taschentücher von Opi plätten. Später seine Manschetten und Kragen.

Damals gab es das Hemd noch in drei Teilen. Manschetten und Kragen wurden mittels Knöpfen am Hemd befestigt und nach Bedarf ausgewechselt. So war das Hemd als solches relativ lange haltbar. Die anderen Teile wurden je nach Grad des Verschleißes ausgesondert und ersetzt. Eigentlich clever und heute wohl ausgestorben diese Art.

Staub wischen und bohnern waren meine Lieblingsbeschäftigungen. Staub wischen deshalb, weil der Wedel eher wie ein überdimensionierte Hutputz aussah. Die Straußenfedern waren in meinen Augen zu schön. Und der Bohnerbesen diente mir als Karussellersatz. Omi schob, und ich durfte darauf stehen. Auch diese Dinge sind heute in einem normalen Haushalt nicht mehr anzutreffen.

So legte Omi die Grundsteine für meine Erziehung. Lieb, artig, adrett, wohlerzogen, den anderen immer ein gutes Vorbild und schon von Kindesbeinen an auf das Hausfrauendasein geprägt.

Für mich war alles ein großer Spaß, sei es der riesige Kessel in der Waschküche des Mehrfamilienhauses, in dem Omi und Opi im Hochparterre lebten, oder der Dachboden, der für mich auch so ein fantastischer Ort war, mit all seinen Schätzen und Gerümpel. Die Waschfrau kam ein Mal die Woche. Dann wurde die frisch gewaschene Wäsche vom Keller auf den Boden gebracht und zum Trocknen aufgehängt.

Omi war immer für mich da, spielte mit mir. Usus war auch der tägliche Spaziergang durch den Kurpark inklusive Enten füttern. Ich liebte die Springbrunnen und Wasserspiele, balancierte auf den Einfassungen und sprang im Herbst in die großen Blätterhaufen, die die Parkkehrer zusammengefegt hatten.

Nicht ganz Mitte der Sechziger geboren, die Eltern – Nachkriegsgeneration, die noch wußten wie Schmalhans kocht, aufgeblüht in der Hippi-Zeit - bis zum sechsten Lebensjahr von Omi großgezogen. Mutti hatte keine Zeit, denn sie mußte arbeiten, weil Vati noch studierte. Erst nach der Geburt meiner Brüder blieb sie zu Hause.

Größer konnte die Diskrepanz in der Erziehung nicht sein. Omi mit der alten Schule und dem Rollenverständnis, dass die Frau an den Herd gehört. Meine Eltern propagierten Gleichberechtigung und einen möglichst eigenständigen Nachwuchs. Trotzdem wurde das alte Rollenbild bei uns zu Hause gelebt. Vati verdiente die Brötchen, Mutti verteilte sie. Hinzu kam die Prägung durch den Rest der Gesellschaft.

Auf der Bühne und auf Fotos mußte ich immer hinten stehen neben den großen Jungs. Es nutzte auch nichts, wenn denn mal einer größer war. Trotzdem wurde mir meine Länge immer wieder unter die Nase gerieben:

„Du bist ja fast so groß wie Torsten!"

Das wollte ich nicht hören.

Mich später auf der Bühne zu bewegen fand ich schwierig. Zu weit hinten sollte es nicht sein, aber wenn ich ganz nah an den Bühnenrand trat, bekamen die Leute in der ersten Reihe Beklemmungen. Hilfe, eine Riesin!

Groß sein - als Kind macht man sich da keinen Kopf. Alle Erwachsenen sagen einem andauern, dass man groß geworden ist. Das ist normal. Das ist auch bei Normalos so. Das Großsein nicht normal war, merkte ich das erste Mal so richtig als ich in den Kindergarten kam. Ich durfte mich nicht wehren. Die Anderen waren doch so klein, ich mußte Rücksicht nehmen. Wenn die hauten war das ok, wenn ich haute, war ich böse.

So richtig bewußt wurde mir dies einmal mehr zur Kindergartenzeit meiner Jungs. Zu meiner Zeit zankten sich die Mädels, zogen sich an den Zöpfen. Natürlich war das nicht gern gesehen, denn Mädchen sollten ja immer artig sein. So wurde mir das jedenfalls beigebracht. Im Wandel der Generationen und im Zuge der Emanzipation ist es heute auch ok, wenn die kleinen Gören im Kindergarten wie Furien über die Anderen herfallen.

„Richtig so! Die Kleine muß lernen sich zu behaupten!", sagte die Furien-Mutti und lächelte stolz. Ich sagte nix und schluckte. Die Kleinen dürfen, die Großen nicht.

Zu Hause war das auch so. Thomas, meinen kleinen Bruder, durfte ich nicht hauen, trotzdem er mich ärgerte wo er nur konnte. Ich verlegte mich auf das Verbale und hielt ihn mir mit meinen langen Armen auf Abstand. Seine Faustschläge sausten durch die Luft ohne einen Treffer zu landen. Ich lachte ihn aus, was ihn nur noch wütender machte. Knacksaupute war seine Lieblingswortkreation, mit der er mich bedachte. In der Meinung, eine Potenzierung eines Schimpfwortes durch die Aneinanderreihung mehrerer anderer zu erreichen.

Groß sein kann eine Qual sein, denn Größe wird immer mit Verantwortung assoziiert. Als großes Kind wird man immer altersmäßig höher eingestuft und die Entwicklung eines älteren Kindes vorausgesetzt. Hinzu kommen noch diverse Ermahnungen:

„Du bist doch schon so groß!" - was ich oftmals gar nicht sein wollte. Dann folgte die Erwartungshaltung, die die Erwachsenen erwünschten. Von Omi vorzugsweise:

„Du mußt deinen Brüdern immer ein gutes Vorbild sein!"

Was hatte ich mit den beiden Kröten zu tun? Mir wurden immer Aufgaben auferlegt. Murrte ich, so hieß es nur:

„Die sind doch noch so klein!"

Und sie waren keine Mädchen. Bestimmte Aufgaben fielen allein schon durch das Geschlecht an mich. Dafür war ich den beiden gram.

Weil ich als kleines Kind oft stolperte, wurde ich dazu ermahnt immer auf meine Füße zu gucken. Um dieser Aufforderung nachzukommen muß man den Kopf senken. Diese Bewegung bringt mit sich, dass die Schultern nach vorne wandern. Ist der Tonus schwach, so geht man krumm und macht sich dadurch klein.

„Steh gerade!"

Muttis Faust sauste auf die Tischplatte, so dass die Tassen klirrend auf den Unteren hüpften.

Diese schlechte Angewohnheit meinerseits versuchte Mutti bei mir im angehenden Teenageralter wieder auszumerzen. Um mich auf die neue Haltung zu eichen, mußte ich mich an die Wand stellen und neu ausrichten. Nicht sehr beliebt, aber durchaus probat war das Buch auf dem Kopf.

Eine gute Haltung bei Tisch kann man durch zwei Bücher unter den Armen erlangen – eins rechts, eins links. Vielleicht antiquiert, aber durchaus wirksam und günstiger als teurer Ballettunterricht.

Haltung erzeugt Achtung; wird mit einer gewissen Attitüde verbunden. Das sahen auch meine Jungs. Der Ex bekam von den beiden Feuer, ließ er sich am Tisch gehen und lümmelte ohne große Körperspannung auf seinem Stuhl. Trotzdem er zwei Zentimeter größer war als ich, war er dann kleiner. Das fanden die Jungs doof, dass Mama größer war als Papa.

Es gibt im Deutschen keine wirklich treffende Übersetzung des englischen Ausdruckes „will to please". Es ist der Wille alles zu tun um jemandem zu gefallen. Pudeln ist er eigen. Mir durchaus auch. Sensibel wie eine Dogge, sehnte ich mich nach Harmonie und war bereit dafür alles zu tun. Dieses Verhalten steht durchaus konträr zu dem Erscheinungsbild einer großen Frau.

Immer dazu angehalten, den Kleineren Platz zu machen, den Vortritt zu lassen. Automatisch stellt man sich in den Hintergrund. Man ist es ja von klein auf an gewöhnt.

Nach außen hin kann das bei Mitmenschen - meist unterbewußt - zu merkwürdigen Wahrnehmungen führen. Gesehen wird ein großer Mensch, dem man mehr Führung und Verantwortung allein schon aufgrund der Größe zuspricht, der sich aber entgegengesetzt verhält, zurück tritt und damit seinen Anspruch auf den Platz, den er eben noch inne hatte, einem Kleineren überläßt. Das ist paradox.

Übertragen auf das Tierreich müßte man sich vorstellen, der Leitwolf würde einem Beta-Tier Platz machen. Wäre dem so, das ganze Gefüge des Rudels würde zusammenbrechen.

Und so fing ich an zu trainieren. Pendlermassen im Hauptbahnhof eignen sich dafür vorzüglich. Eine gerade Haltung und energisches Voranschreiten unterstützen dieses Vorgehen. Mein gedachter Begleiter war ein ausgebildeter Rotti. Selten wurde ich gerempelt.

Auf Fotos stehe ich schon lange nicht mehr im Hintergrund sondern immer an der Seite!

Sprüche & Vorurteile

Klein und dick ist niedlich. Groß und stämmig hat schon Schlachtschiffcharakter. Koloss, Dampfwalze und Wuchtbrumme. Ich war nicht dick aber stämmig.

„Deutsche Panzer rollen wieder!"

So schallte es laut. Der Flur der Schule war voll gestopft mit Schülern, die die kleine Pause auf dem Gang verbrachten. Die Köpfe flogen mir nur so zu. Es wurde gekichert und gelacht.

Warum gab es schwarze Löcher nur im All? Warum nicht jetzt und hier eins für mich? Das mich verschluckte und diese peinliche Situation beendete? Eine besondere Form des Spalier Laufens und eine Lektion in „ich ziehe mir einen dicken Mantel mit Spezialfutter an". Dieses Spezialfutter hieß Ignoranz. Noch heute wird mir eine gewisse Kühle und Distanz nachgesagt.

Erhobenen Hauptes ging ich den Gang entlang zu meinem Klassenzimmer. Vorbei an Andreas, der mit der Rechten den Hitlergruß vollzog. Zeige- und Mittelfinger der Linken unter seiner Nase. Die Intonation war schon ganz gut. Aber das „r" hätte besser gerollt werden müssen. Unter seinen Fingern verzog sich sein Mund zu einem breiten Grinsen als ich ihn schweigend passierte.

Später, im Unterricht, bearbeitete er sein Plastikfeuerzeug unter der Bank, pikte den Zirkel in den Tank. Er saß mit mir über Eck, so dass ich mühelos mit meinem langen Arm zu ihm rüber greifen konnte. Mein Feuerzeug zickte. Die Flamme sprang nicht gleich an.

„Spinnst du?", zischte er.

„Rache ist Blutwurst!", sagte ich.

Ein alter Hut ist noch heute die Frage nach den Luftverhältnissen in dieser Höhe, weiß doch jeder, dass der Mief nach oben steigt. Trotzdem antworte ich meistens mit gut. Nach der Aussicht wird kaum gefragt, was vielleicht das Naheliegendere wäre, wenn man schon als Leuchtturm durch die Gegend wandelt.

Langes Elend ist nach wie vor gebräuchlich, wobei im Zuge der Sprachwandlung - Denglisch sei Dank – Towerwoman oder auch Hightower ihren Platz im deutschen Sprachgebrauch gefunden haben.

Als Giraffe kann man über die Köpfe der anderen hinwegsehen. In Süddeutschland geht das noch besser als im Norden. Allerdings ist auch die Distanz Kopf zu Erdoberfläche größer, wenn dann der Kreislauf versagt und man ungefragt zu Boden geht. Beim Zwerg mit noch nicht einmal 1,60 m kommt man auf ganz andere physikalische Ergebnisse. Er kommt vielleicht mit Kopfschmerzen davon, während der Riese – Masse x Strecke x Beschleunigung – wohl eher mit einer Gehirnerschütterung rechnen muß. Kann durchaus sein, dass die Formel nicht ganz korrekt ist – ich war in Physik oft krank.

Die Größe wird auch gleich immer mit den dazugehörigen Sportarten assoziiert. Basketball, Volleyball, Schwimmen manchmal, wenn der Name Michael Groß geläufig ist. Meine Armspanne beträgt 1,85 m – also überdurchschnittlich wobei sie den Goldenen Schnitt erfüllt.

Aufgrund meines Handfegerkreuzes wurde ich auch immer den Ruderern zugeschrieben. Und wer so lange, schöne Beine hatte, mußte bestimmt auch modeln. Ich verneinte jedes Mal. Die Leute schüttelten immer wieder den Kopf und verstanden es nicht.

Laufsportarten sind bei mir so beliebt wie am Knobelbecher eines Soldaten nach einem Gewaltmarsch zu riechen. Chlorwasser finde ich ekelig, und wenn ich mich als Model beworben hatte, bekam ich mit schöner Regelmäßigkeit Absagen.

Mein Typ war schon vorhanden. Schöne Frauen gibt es genug, und ich bin zu groß! Models werden gewünscht mit einer Körpergröße von 1,78 – 1,80 m vielleicht noch 1,81 m.

Ist man größer, so paßt man nicht mehr in die Konfektionsgrößen, die ein Model ja präsentieren soll.

„Junge Frau!"

Wider Erwarten zogen sich die Follikel meiner Nackenhaare nur kurz zusammen und entspannten sich gleich wieder. Normalerweise brachte mich der Spruch sofort auf die Palme. Der Nachsatz gehörte auch in diese Kategorie.

„Sie sind so herrlich groß!"

Die Leute, die mit solchen Klopfern kommen, haben keine Ahnung vom Großsein. Wie auch, gehören sie doch meist zu den Bewohnern des Zwergenreiches.

Verzeihen konnte ich der Person ebenso schnell, wie sie gesprochen hatte. Es war der Klang ihrer Stimme, aufgrund derer ich ihr Alter auf 85 bis 90 Jahre taxierte. Nachdem ich mich ihr zugewandt hatte, sah ich mich in meiner Einschätzung bestätigt. Ein kleines, hutzeliges Frauchen mit einem Bechterew, der ihr nicht erlaubte, mich geradewegs anzugucken, stand mir gegenüber. Sie hielt

Abstand und drehte den Kopf um Blickkontakt herzustellen. Ob ich ihr wohl die Schokostreusel aus dem obersten Regal langen könnte? Die Enkelchen kämen doch zu Besuch und sie möchte so gerne Kekse backen.

Da half ich selbstverständlich und brauchte mich noch nicht einmal auf die Zehenspitzen zu stellen.

Das Wortspiel meines Geschichtslehrers verstand ich zuerst nicht. Aber es setzte sich durch und wurde zu einem geflügelten Wort:

„Da kommt Katharina die Große!"

Ich dachte an die russische Monarchin und wußte nicht, was die mit mir zu tun haben sollte.

Im Schulsport war ich eine Niete. Es sei denn, es ging um Bodenturnen. Gefühlt hatte ich während meiner Schulzeit diese Disziplin vielleicht ein Mal im Schuljahr, wenn wir denn eine Sportlehrerin hatten. Meistens hatten wir einen Lehrer. So gab es jedes zweite Mal Zirkeltraining abwechselnd mit Leichtathletik. Ab und zu war ein Waldlauf mit dabei. Aber jedes Mal gab es zum Aufwärmen Mannschaftsspiele. Immer durften die beiden besten Sportskanonen wählen. Das waren bei mir in der Klasse Susi und für die Jungs Thomas. Je nachdem wie viele wir an dem Tag waren und wer zuerst wählen durfte, wußte ich schon im vornherein, wem ich zugeordnet werden würde. Zugeordnet - nicht gewählt und auch nicht persönlich aufgerufen. Ich war das Überbleibsel und mein Mannschaftsführer hatte sich schon lange umgedreht und angefangen die Aufstellung der Spieler zu machen, da schlich ich auf meinen Platz, die Bank.

„Warum trägst du eigentlich hohe Hacken?", fragte mich einmal ein Mitschüler aus der 13. Klasse.

„Aus Gründen der Gleichberechtigung!", antwortete ich. Verdutzt sah er mich an. Mit dieser Antwort hatte er nicht gerechnet.

Gibt es irgendwo ein Gesetz in dem geschrieben steht, dass Frauen ab einer Körpergröße von 1,80 m nur noch Absätze von 1,5 cm tragen dürfen? Diese Bemerkung fiel unter Diskriminierung.

Als Zwerg hat man das ja auch nicht leicht, las ich letzthin bei der Recherche.

Wieso, habe ich mich gefragt. Was Klamotten angeht, so werden sie doch in jeder Kinderabteilung sofort fündig! Ist vielleicht nervig immer zwischen pink und Glitzer nach dem Passenden zu suchen, aber es gibt wenigstens Auswahl.

Selbst bei Kinderfahrrädern gibt es Schnäppchen. Für die Riesen gibt es das nicht. Wir können dann mit langer Lenker- und Sattelstange aufrüsten. Dann sehen wir auf dem 52er Rahmen aus wie der Affe auf dem Schleifstein. Ganz großes Kino. Gewollt und nicht gekonnt. Die Proportionen passen selten.

Komisch, dass der Großwuchs so faszinierend ist. Vielleicht sollte ich mal den Spieß umdrehen.

„Wow! Wahnsinn! Sie sind ja ganz und gar durchschnittlich! Sie arbeiten bestimmt als Bäckereifachverkäuferin!"

„Nein"

„Nein? Dann hinter der Käsetheke?"

„Nein"

„Auch nicht? Fleischtheke?"

...

Es ist so nervig und lästig, ständig in ein Klischee gezwängt zu werden, weil die Leute keine Phantasie haben oder zu faul sind nachzudenken.

Dick & dünn

„Die dicken Stempel hast du von deiner Mutter!", sagte Omi.

Es kam mir vor wie im Film. Die Szene fror kurz ein. Muttis Hand hielt einen Augenblick lang inne um dann einfach ihre Bewegung fortzusetzen. Sie stand am Herd und rührte in der Soße.

Ich ließ meinen Rock sinken, den ich kurz vorher auf Geheiß von Omi hochgehoben hatte, damit sie meine Beine begutachten konnte. Dabei gedacht hatte ich mir nichts. Das mich solch eine Breitseite treffen würde, damit hatte ich nicht gerechnet. Aber der Treffer, den sie gerade eben gelandet hatte, saß tief. Eine Art perverses Zwillingsgeschoß, das auch meine Mutter verletzt hatte.

Kommentarlos gingen Mutti und ich über diese Szene hinweg. Was sollte man auch dazu sagen? Hübsch war ich, fertig für den Abtanzball.

Mittlerweile war ich ein Teeny und sah Omi differenzierter als damals als Kleinkind. In Sachen Empathie und Takt hatte sie alle Potentiale der Welt. Nutzen tat sie sie nicht. Was haben wir uns fremdgeschämt für diese Frau!

Nicht lange vorher hatte sie mich nach meinem Gewicht gefragt. Die Anzahl der genannten Kilos veranlaßte sie zu dem Kommentar:

„Ach Kindchen, du hast aber schwere Knochen!"

Wie gesagt, zu dem Zeitpunkt war ich nicht dick. Aber es traf mich immer wieder.

Vor allem das Benennen meines Gewichtes und der getragenen Konfektionsgröße wurde immer wieder mit dick assoziiert, weil der Normalo sich mit mir verglich, aber dabei vergaß meine Körpergröße zu berücksichtigen. Umgekehrt erging es mir allerdings genau so.

Auf jeder Strumpfhosenpackung war „XL" beziffert, was sich dann bei mir auf die Länge meiner Beine bezog. „XL" war Klamottengröße für Dicke. Ich brauchte XL, weil ich groß war. Aber in der Welt der Normalos steht XL für dick. Normalos sind die Masse, an der sich alles ausrichtet.

Richtig dünn war ich als Kind allerdings auch nicht. Mehr oder weniger immer normal bis pummelig. Mit jedem Wachstumsschub verschwanden die überflüssigen Pfunde wieder. Trotz allem, steter Tropfen höhlt den Stein. Ich empfand mich als dick.

In der sechsten Klasse wurde ich auf dem Schulweg von älteren Schülerinnen der Hauptschule abgefangen und gehänselt.

„Da kommt die Dicke!"

Zu der Zeit etwas pummelig, dick eingehüllt in den Parker – denn es war Herbst - trat ich in die Pedalen meines Fahrrades und zirkelte durch die Gasse, die sie für mich auf der schmalen Holzbrücke gebildet hatten. Die Augen fest auf einen imaginären Punkt vor mir gerichtet, versuchte ich möglichst unbeschadet durch die Lücke zu manövrieren.

Schlußendlich änderte ich meinen Schulweg um der morgendlichen Demütigung zu entgehen und fuhr durch die Stadt. Das war von Mutti verboten, denn da mußte ich die viel befahrene Bundesstraße überqueren. Vorschriftsmäßig ordnete ich mich mit dem Rad auf dem Mittelstreifen ein. An meiner rechten Seite rauschten von hinten kommend die LKWs an mir vorbei. Zu einer regelrechten Mutprobe wurde die Aktion bei Manövern der Bundeswehr. Und gefühlt war die große Kaserne unserer Stadt ständig im Manöver. So kamen von vorne die Kolonnen mit Kettenfahrzeugen, von hinten die Laster und Busse. Abgase, Fahrtwind und laute Motoren. Und ich mitten drin. Mein Herz schlug mir bis in den Hals.

Langsam und zuerst unbemerkt schlich sich ein kleines, unsagbar häßliches Männlein auf meine rechte Schulter. Es hatte eine dunkelgraue, runzelige Haut, die mit langen unregelmäßigen Borsten versehen war. Trotz seiner krüppeligen Gliedmaßen war das Männchen fix und behände. Sein Gesicht war eine Fratze, die Augen schwarz und ohne Pupillen. Wimpern hatte es keine. Es war sofort präsent, ging es um mein Gewicht. Wo es die restliche Zeit verbrachte, war mir nicht bekannt.

„Du bist dick!"

Tränen lachend saß es auf meiner Schulter.

„Hast du gehört?", fragte es.

„Du bist dick!DICK!DICK!"

Geschüttelt von einem Lachanfall, klopfte es sich auf die Schenkel und hörte gar nicht mehr auf zu lachen. Tränen liefen über sein Gesicht. Auch ich hatte Tränen in den Augen. Traurig war ich – unendlich traurig.

Traurigkeit gepaart mit Wut kann einen guten Antrieb geben. Eine Klassenkameradin hatte stillschweigend mit einer Diät begonnen.

„Guck mal, Petra hat fünf Kilo abgenommen!", sagte jemand.

„Die macht die B-Diät!"

Manchmal sieht man ja den Wald vor lauter Bäumen nicht. Diät war für mich nichts Neues, diätete Mutti zu Hause immer mal wieder. Aber für mich hatte ich diese Möglichkeit noch nicht entdeckt.

Das, was andere können, konnte ich schon lange! Keine Ahnung woher ich diese Überzeugung hatte. Ich hatte sie einfach und setzte die Diät um. So erfolgreich, dass Mutti zu mir sagte:

„Kind, deine Konsequenz macht mir Angst!"

Eine Zeit lang war ich schlank.

„Na? Willst 'nen Dickmacher?", fragte Opa und hielt mir die blauweiß rautierte Plastiktüte entgegen, die ihr Dasein den Sommer über im Handschuhfach des kleinen Flitzers, den Oma immer fuhr, verbracht hatte. Der Inhalt war zu einem braunen Klumpen zusammengeschmolzen.

Zu süß sagte ich nicht nein. Auch die obligatorische Tüte mit den Gelatinetieren in Bärenform von Opi war immer gern gesehen. Aber so richtig suchtig war ich nach der Verbindung von Zucker und

Fett. Alles was Schokolade hieß oder in Form von Buttercreme auf der Zunge zerging, war meine Droge.

Zuckerwasser wie Sirup oder mit Blubberblasen versetztes Mineralwasser in 0,75 l Flaschen trank ich mal, mußte ich aber nicht unbedingt haben. Die dunkelbraune Limo, die die Klassenkameraden auf Feten literweise in sich hineinschütteten, ließ mich kalt. O-Saft mochte ich nicht. Dafür konnte ich mich für Lakritzgeschmack begeistern. Alkoholische Getränke in dieser Richtung haben zum Teil beträchtlich Umdrehung und duhnen ganz gut.

Der Jo-Jo Effekt war mein bester Freund. Diät – Gewicht runter. Rückkehr zum alten Eßverhalten – Gewicht wieder rauf. Seit über zehn Jahren bin ich nun schlank. Aber nur, weil ich die Ernährung umgestellt habe und bei dieser Art geblieben bin.

Träume & Realität

Ich hatte viele Träume und viele sind geplatzt wie Seifenblasen.

Tanzen

Mein erster geplatzter Traum, an den ich mich erinnern kann, war Primaballerina.

Omi hatte das ja immer mit der Kultur, war in der Oper abonniert und auch im Theater – grammatikalisch bestimmt nicht korrekt aber O-Ton. So durchforstete sie den Spielplan nach kindgerechten Aufführungen, tauschte die Karten – Oper gegen Ballett. Zu gegebener Zeit wurde ich herausgeputzt und durfte sie begleiten. Mein erstes Ballett war Dornröschen, und ich saß da mit offenem Mund. Vollkommen weltentrückt starrte ich auf die Bühne.

So grazil! Leicht wie eine Feder wurde sie von ihrem Partner hoch gehoben und durch die Luft getragen. Genau so wollte ich das auch.

Dieser Traum zerplatzte erst spät, weil ich als Kind nicht wußte wie früh diese sportlichen Talente mit ihrer Karriere beginnen. Trotzdem war ich mit zwölf tief enttäuscht, als mir Omi sagte:

„Ach, Kindchen, du bist doch viel zu groß!"

dass das ein Ausschlußkriterium sein könnte, daran hatte ich überhaupt nicht gedacht.

Drei Jahre später – nach meiner Konfirmation – ging ich zur Tanzschule. Das war damals so bei uns auf dem Land. Dort traf ich dann mehr oder weniger all die anderen aus meinem Jahrgang wieder. Jungs in der Schule, damit konnte ich umgehen. Aber Tanzschule war ja was ganz Anderes. Tanzen ist eine einmalige Kontaktsportart: Standard und Latein. Für Pubertierende beiderlei Geschlechtes eine Herausforderung.

Führen und führen lassen ist bei eklatanten körperlichen Unterschieden etwas schwierig. Als lange Latte nehme ich dem Herrn die Sicht. Wenn ich Pech habe und auf einen Zwerg treffe, sind seine Augen auf Busenhöhe. Diese Aussicht mag manch männliches Wesen erquicken, Führung ist allerdings mit dieser Sichtbehinderung nur eingeschränkt möglich.

Trotzdem ich zu der Zeit – meiner ersten Diät sei Dank – eine „nette" Figur hatte, war ich Mauerblümchen. Immer adrett angezogen, mit Blüschen und Tanzschuhen. Die durften doch tatsächlich einen kleinen Hacken haben. Mutti hatte es erlaubt. Da war ich dann 1,90 m groß.

Es gab zwei große Jungs in dem Kurs. Mit beiden von ihnen tanzte ich so gut wie nie. Das hatte folgende Gründe: den einen konnte ich auf den Tod nicht leiden, weil er ein Arsch war, und der andere hatte Spaß an kleinen Mädels. Sie hingen bei ihm im Arm. Die Schulterbeschwerden bei solch ungleichen Paaren dürften nicht von Pappe sein, aber Schicksal ist ja bekanntlich oftmals selbst gewählt.

So tanzten die großen Jungs immer nur mit mir, wenn die Lehrerin sie dazu verdonnerte, oder ich mal das Glück hatte bei der Damenwahl schneller zu sein als einer dieser Gartenzwerge auf Stilettos.

dass ich alle Kurse bis Gold Star und hinterher auch noch Formation tanzte, hatte ich einer Aushilfe zu verdanken. Da viele nur die ersten Kurse belegten, gab es ab dem Bronze Kurs Männermangel. Die Lehrerin organisierte aus den höheren Kursen Aushilfen. Unter anderem einige tanzwütige Männer. Und das waren wirkliche Männer! Keine Bubis! Ein langer Schlacks, 1,96 m, schwarze Haare, schwarzer Bart. Das war Klaus. Sieben Jahre älter als ich und ohne Berührungsängste. Ein genialer Tänzer vor dem Herrn und mehr oder weniger nur für mich gedacht. Die besten Prüfungen tanzte ich mit ihm. Beim Aufräumen letzthin habe ich noch die alten Bewertungszettel wiedergefunden. 98, 95 und 96 Punkte von 100 zu erreichenden. Ich war gut – richtig gut!

Das Ende meiner Tanzkarriere war die Versetzung von Klaus. Für einen Soldaten ganz normal, suchte er sich am neuen Einsatzort eine andere Tanzschule. Ich blieb als Springer in der Formation zurück.

Formation besticht durch die Synchronität der Paare tänzerisch als auch der einzelnen Personen. Tänzerisch hatten Klaus und ich uns wunderbar eingefügt. Von der Größe her paßten wir beide perfekt zusammen – nur nicht mit den anderen Paaren, die wir um Haupteslänge überragten. Und so war dann auch schnell klar, dass ich allein in der Formation immer nur Springer sein würde. Zu Turnieren fuhr ich die erste Zeit noch mit, denn es war ja meine Truppe. Aber zu sehen, wie sie tanzten, den Wunsch zu haben auch dabei zu sein – und zwar auf der Tanzfläche und nicht am Rande unter ferner liefen – er würde nie in Erfüllung gehen. Es sei denn, ich fände eine Formation tanzender Riesen. Da hätte ich auch anfangen können Lotto zu spielen.

Die nächste tänzerische Karriere kam mit Abschluß der Realschule. Für die Feierlichkeiten wurde von den Mädels der Parallelklasse eine Jazzdance Formation eingeübt zu den verpoppten Klängen von Beethovens 9. Symphonie.

Tadaaa! Stinkefinger! Und Küßchen drauf! Dem Schicksal ein Schnippchen geschlagen. Ich konnte tanzen so viel ich wollte und brauchte dafür keinen Mann! Und so tanzte ich die folgenden Jahre Jazzdance und mit Hingabe Modern Ballett. Was die Freude über diese Art des Tanzens trübte, war die Tatsache, dass ich blaue Knie bekam, wenn es denn zu Boden ging.

„Kindchen, du bist einfach empfindlich", sagte Mutti. Ende der Diskussion. Und so luschte ich über die Bodenpassage, ließ die Wiederholungen weg und ärgerte mich über meine schlechte Leistung.

Und trotzdem bliebt immer ein kleiner Stich, wenn ich auf Veranstaltungen war, auf denen paarweise getanzt wurde. Ich hätte zu gerne getanzt.

Als ich meinen Ex kennen lernte, mußte ich erstaunt feststellen, dass in der Stadt ganz andere

Gepflogenheiten galten als bei uns auf dem Lande. Tanzschule? Ne, zu so was war er nicht gegangen. Aber er machte mir die Freude und lernte tanzen. Sein Spaß war mittelprächtig und nach dem dritten Kurs war Schluß. Wir tanzten nie wieder zusammen. Die Anlässe hielten sich in Grenzen und wenn, dann unterhielt er sich gerade so nett. Er bezeichnete sich selber auch als passionierten Nichttänzer.

„Später, Schatz!", sagte er. Aus später wurde meist nie.

Einmal hatte ich ihn so weit. Er konnte sich nicht drücken. Kleinlaut bat er mich, ich möchte doch mit ihm noch schnell in einer ruhigen Ecke die Schritte wiederholen. Ich tat es mit einer Mischung aus Ärger, Enttäuschung und Vorfreude auf die Tanzfläche. Als wir uns dann endlich tanzend unter die Menge mischten, bat ich ihn ganz schnell doch mit mir an die Bar zu gehen. Nichts ist so enttäuschend wie mit jemandem zu tanzen, der a) keine Lust dazu hat und b) sich kaum noch an die Schritte erinnert und nur stümperhaft über die Fläche schiebt.

Pferde

Ein weiterer geplatzter Traum war der eines eigenen Pferdes. Mit ungefähr 12 Jahren war der Reitstall mein zweites Zuhause. Ich liebte diese großen Vierbeiner mit ihren weichen Nasen, die mein Gesicht in eine warme Atemwolke hüllten, wenn ich zum Schmusen meine Wange an die Nüstern hielt.

Den Samen für diese große Liebe legte Opi, der immer dafür sorgte, dass ich auf dem Rummel Pony reiten durfte. Später ging ich zum Voltigieren – turnen auf dem Pferderücken. Mit meiner Hypermobilität alles ganz einfach.

Das Voltigierpferd war ein großes Pony. Es fehlte nicht viel und ich hätte mitlaufen können trotzdem ich auf ihm saß.

Mein Manko: zu groß und zu schwer. Zu schwer, nicht weil ich zu dick war, nein, zu schwer, weil ich zu groß war. Es dauerte eine Zeit lang bis ich realisierte, dass ich nie der „Flieger" sein würde. Ich war prädestiniert für den Unterbau, der das Leichtgewicht hob und stützte.

Auch für dieses Hobby gilt - möchte man es erfolgreich betreiben – man ist besser klein, höchstenfalls durchschnittlich groß, besser dünn als dick und vor allem sollte man schon früh angefangen haben. Quereinsteiger, die schon mit drei Jahren Ballettunterricht genaßen oder aber im Bodenturnen ein Crack waren, konnten hier punkten.

Ich war zu groß, zu schwer. Meine Leistungen zu schlecht um in die bessere Gruppe mit dem imposanten Schimmel zu wechseln. Nahm ich an Turnieren teil, so galt für mich die Einzelwertung. Selbst für die Gruppe war ich dann nicht tragbar – im wahrsten Sinne des Wortes.

So verlegte ich mich auf das Reiten an sich. Die Unterrichtsstunde kostete damals 10,00 DM. Zu Weihnachten und zum Geburtstag gab es als Geschenk immer eine 10er Karte. Ich mistete aus und putzte und verdiente mir so die ein und andere Reitstunde.

Der Reitlehrer war ein weißhaariges Unikum und politisch braun gefärbt; durchaus der guten, alten Zeit verhaftet. Er nahm kein Blatt vor den Mund, wenn die reichen Städter zum Reitenlernen kamen.

„Ooooomi steigt auf's Pferd!"

Höhnisch klang es von der Tribüne, die er gerade mit einer Tasse dampfenden Pharisäers betreten hatte. Dank Alkohol war er immer gut drauf.

Die junge Frau mühte sich vergeblich - puterrot im Gesicht vor Anstrengung und Scham - ihren Fuß in den Steigbügel zu bugsieren.

Der „Weiße Riese" war eigentlich mir zugedacht gewesen. Ich hatte ihn geputzt, gesattelt und gezäumt für die Stunde. Das Zwergenweib kam kurz vor Unterrichtsbeginn und wollte auch mittun. So disponierte der Reitlehrer geschwind um und wieß mir den kleinen Arabermix Ben Hur zu. Verkehrte Welt! Damals erschien es mir als Gemeinheit mir gegenüber, aber rückblickend glaube ich, er wollte sich nur amüsieren.

„Heben Sie ihren Tortenarsch gefälligst etwas höher!", trompetete er. Das war noch so ein Spruch von ihm, den sich die Erwachsenen durch die Bank weg gefallen lassen mußten. Der militärische Drill steckte bei ihm noch tief in den Knochen, denn „Reiterblut ist keine Buttermilch!"

Marschmusik schallte aus den Lautsprechern. Radetzky – wer denkt da nicht an das hüpfende Dosengemüse aus der Werbung - , Alte Kameraden, Deutschmeister, Preussens Gloria und viele andere. Noch heute kann ich sie mitpfeiffen. Herr Reitlehrer beherrschte den Kommandoton wie er auf dem Exerzierplatz zu hören ist. Und so wurde auch geritten. Zackig und mit Haltung.

Eigenwahrnehmung und Fremdwahrnehmung sind zwei verschiedene paar Schuhe. Ich auf Ben Hur – ein Bild wie Pat und Patachon. Auch hier fehlte nicht viel, um mit meine Füßen den Bodenkontakt herzustellen. Bei den meisten Pferden baumelten meine Füße irgendwo frei in der Luft unter dem Pferdebauch. Traurig ging ich immer an den Sporen bei den fliegenden Händlern, die auf jedem Turnier anzutreffen waren, vorbei. Das war unnötig ausgegebenes Geld. Und nur für Showzwecke waren sie mir zu teuer.

Das diese Konstellation – großer Reiter, kleines Pferd - total bescheuert aussieht, wurde mir erst bewußt, als ich ein Foto sah, das mein Vater von mir auf einem Turnier geschossen hatte. Ich saß auf Ben Hur.

Und so weigerte ich mich kleine Pferde zu reiten, hätte am liebsten ein Shire Horse gehabt, damit die Proportionen wenigstens annähernd gestimmt hätten.

Der Traum vom eigenen Pferd rückte zum Greifen nah. Opi versprach mir eines Tages ein Pferd für mich zu kaufen. Freudig lief ich zu Mutti um sie an dieser wunderbaren Nachricht teilhaben zu lassen, aber sie sagte nur

„Nein!"

Keine Begründung, keine Diskussion. Es blieb dabei. Ich heulte tagelang.

Aktiv geritten bin ich noch bis zu meinem 21. Lebensjahr.

In der großen Stadt konnte ich mir während der Ausbildung keinen Unterricht leisten. Und als ich dann mein eigenes Geld verdiente und auch nur eine 35-Stunden-Woche hatte, überlegte ich mir die Anschaffung eines Pferdes sehr genau, denn mein Ex hatte für Vierbeiner jeglicher Art nicht das Geringste übrig.

Ein Pferd ist kein Haustier wie ein Hund. Es steht im Stall, der meist nicht fußläufig zu Wohnung liegt. Der tägliche Zeitaufwand ist mit zwei bis drei Stunden unter der Woche zu beziffern, will man sich selber um sein Pferd kümmern. Am Wochenende darf es dann auch gerne mehr sein. Glücklich stinkend wieder zuhause, muß man sich in der Wohnung wie ein Dieb herumdrücken um schnell aus den Stallklamotten zu kommen, zu lüften und zu duschen. Stallgeruch ist nicht für jeden ein Parfum.

Und so verzichtete ich auf meine Lieblingstiere, um die zu verbleibende Zeit mit meinem Ex zu verbringen.

Brautkleid

Traumerfüllung ist manchmal nicht wichtig oder gerät in Vergessenheit. Vergessene Träume können aber irgendwann wieder aufpoppen – oft ohne Vorwarnung. So ein unerfüllter Traum war das Brautkleid.

Wenn ich schon nicht Primaballerina werden konnte, so wollte ich doch wenigstens so heiraten wie eine Prinzessin. Zum Zeitpunkt der Hochzeit waren mein Ex und ich zwar noch in der Kirche, hatten aber mit der Institution wenig am Hut. Wozu also kirchlich heiraten?

„Kindchen, kauf dir ein nettes Kostüm. Das kannst du dann auch im Büro anziehen", so Muttis Vorschlag.

Zwei Fliegen, eine Klappe. Toll! Es war mir schon klar, dass ein rauschendes Kleid für das Standesamt eventuell etwas übertrieben war, aber es war meine Hochzeit, und ich wäre am liebsten mit der Kutsche vorgefahren. So wie Sissi! Naiv, nicht wahr? Trotzdem war dieser Wunsch da und ließ sich nur schwer verdrängen.

Ich gab mich noch nicht geschlagen und ging zusammen mit meinem Ex Abendgarderobe gucken.

Also kein Sissi-Kleid aber was Schickes. Ein cremefarbener Hosenanzug mit einem Spitzenchasuble. Super schick und standesamttauglich. Der Preis war es nicht. Der Ex, schon damals geizig, riet mir genau wie meine Mutter zu dem netten Kostüm. Ironie des Schicksals, das Versandhaus, bei dem ich bestellt hatte, hatte auf einmal Lieferschwierigkeiten. Der Rock kam nicht. So lieh ich mir denn von meiner Mutter einen und trug das vollständige Kostüm später – im Büro.

Um meine Trauer über das nicht getragene Kleid endlich zu überwinden, bat ich vor einigen Jahren – ich war gerade glücklich geschieden - einen befreundeten Fotografen um ein Shooting im großen Modehaus mit Brautkleidabteilung. Wir bastelten uns eine fiktive Story zusammen und logen, dass die Balken sich bogen von einer wundervollen Hochzeit, die in Wirklichkeit gar nicht statt fand. Ich trug mein Sissi-Kleid und stand staunend vor dem Spiegel.

Das war 26 Jahre nach meiner Hochzeit. An dem Tag sind wunderschöne Aufnahmen von mir im Brautkleid entstanden.

So schön das Sissi-Kleid war, am besten gefallen hat mir ein ganz schlichtes, eng anliegendes Kleid mit überlangen Ärmeln.

Piercing

Mit 41 das erste Piercing. Nach 25 Jahren erfüllte ich mir diesen Traum. Als ich mit 16 Lenzen anfing auf Partys zu gehen, lernte ich irgendwo auf einer Feier Biggi kennen. Sie gehörte zu einer Clique der Älteren und trug einen dunkelblauen Brilli im rechten Nasenflügel. Was mich so sehr faszinierte war, dass ihre Augen genauso dunkelblau waren wie der funkelnde Stein in ihrer Nase. Die Haare waren damals entsprechend wasserstoffperoxid-blond. Blauer Sweater und Jeans komplettierten den Look. Sie war mein großes Vorbild.

Ein Nasenpiercing war damals ein absolutes No-Go. Diesen Wunsch konnte ich gleich abklingeln. Ich durfte ja noch nicht einmal Ohrringe haben. Selbstverstümmelung und so abstruse Argumente wie „Ohrringe sind Zeichen von Sklaven!" mußte ich mir zu Hause anhören. Woher Mutti diese Weisheit hatte, ist mir bis heute schleierhaft.

Und so stimmt es denn nicht Wunder, dass ich an meinem 18. Geburtstag nachmittags leider keine Zeit für Kaffee und Kuchen hatte, sondern erst einen wichtigen Termin beim Juwelier wahrnehmen mußte. Endlich Ohrringe. Die Stimmung hinterher zu Hause war mehr als mäßig.

Der Ex kommentierte den neuen Schmuck nur mit einem „Aha" und einem verzogenen Mundwinkel. Da ich schon seit Jahren mir meinen Schmuck selber kaufte, hatte ich ihn nicht von meinem Vorhaben unterrichtet.

Motorrad

Es dauerte 27 Jahre bis ich mir den Wunsch erfüllte den Motorradführerschein nach zu holen. Mutti hatte es seinerzeit verboten. Heute – selber Mutter - kann ich dieses Verbot durchaus nachvollziehen; damals erschien es mir völlig spekulativ. Und es war für mich klar, sobald ich von zu Hause ausgezogen und mein eigenes Geld verdienen würde, dann – spätestens genau dann – würde ich dieses Vorhaben in die Tat umsetzen. In einer Klassenkameradin fand ich eine Verbündete mit genau eben diesem Wunsch, und so waren wir schon zu zweit und schmiedeten Pläne.

Es kam ganz anders. Während der Ausbildung lernte ich meinen Ex kennen, der leider gar keine Affinität zu Zweirädern hatte. Es sei denn, sie waren mit Muskelkraft zu betreiben. Ich paßte mich gerne seinen Wünschen und Vorstellungen an, war ich doch froh, endlich einen Mann gefunden zu haben, der mich toll fand. Mit ihm wollte ich so viel Zeit wie möglich verbringen. So ging der Wunsch nach Freiheit, Geschwindigkeit und Macht über die Maschine und Straße geräuschlos unter. Aber nur um nach einer halben Ewigkeit laut japsend wieder aufzutauchen. Vehement klopfte er an meine Tür.

„Wenn nicht jetzt, wann dann?", dachte ich und suchte mir flugs eine Fahrschule. Hätte ich den Lappen damals gleich mitgemacht – er hätte mich nur ein Bruchteil von dem gekostet, was ich nun berappen mußte. Wahrscheinlich nur ein paar Übungsstunden zum Auffrischen.

So saß ich zwischen all den jungen Leuten, die ihrem Führerschein entgegenfieberten und lernte noch einmal Theorie.

Mit meinem Hang zu Perfektion liebte ich die Praxisstunden auf dem Platz. Vorzugsweise Hütchenfahren.

Die Maschine kaufte ich schon lange bevor ich die Prüfung machte. Irrational. Aber es war Liebe auf den ersten Blick. 97 PS, 600 m³ und knappe 200 kg Trockengewicht. Sollte ich irgendwann einmal Bodenproben sammeln, ich könnte sie nicht alleine wieder aufrichten. Ein Naked Bike, unverbastelt. In meinen Augen einfach nur schön.

Allein der Anblick zaubert mir ein Lächeln ins Gesicht. Es ist meine! Und wenn ich auf ihr sitze und das Vibrieren des Motors durch die Sitzbank fühle, den Gegenwind auf der Brust, die Beschleunigung – schier unbändige Kraft -, dann stellt sich ein Glücksgefühl ein. Es war die richtige Entscheidung! Unvergessene Momente auf dem Ring. Oder die Straße parallel zu einer startenden Beluga entlang zu jagen. Erfahrungen und Gefühle, die immer bleiben.

Brille

Lesen war eine meiner liebsten Beschäftigungen. Den Grundstein für dieses Hobby legte Omi. Sie las mir unzählige Märchen vor. Immer und immer wieder. Die Reime von diversen Gesellschaftsspielen und Quartetten konnte ich im Nu. Wobei ein Großteil dem Auswendiglernen zuzuschreiben war. Mutti unterstütze diese Art des Zeitvertreibs, selber eine begeisterte Leseratte, indem sie mir von Zeit zu Zeit Jugendbücher vorlas.

Mit ungefähr 14 Jahren hatte ich meinen ersten Augenarzttermin. Mutti hatte ihn vereinbart, nachdem ich nicht aufgehört hatte über schmerzende Augen zu klagen.

Nach einer kurzen Zeit auf dem Untersuchungsstuhl stand schnell fest, dass ich kurzsichtig war. Dann wurde noch abgeklopft

„Ist es so besser oder so?", und das Rezept ausgestellt.

Tief enttäuscht zog ich im Schlepptau Muttis zum Optiker. Ich brauchte eine Brille. Was für ein Makel! So ein Nasenfahrrad wollte ich nie; fand ich scheußlich.

„Die schlechten Augen hast du von deinem Vater."

Ganz große Klasse!

Ich hätte viel lieber eine Zahnspange gehabt, aber meine Beißerchen waren tadellos. Und ich stellte mal wieder fest, es gab Dinge, die konnte man leider nicht tauschen.

Trotzdem war ich erstaunt darüber, dass ich auf einmal die Dachschindeln des Nachbarhauses ganz klar voneinander unterscheiden konnte, dank Brille.

Nun war ich auch noch zur Brillenschlange mutiert. Brillenträger schlägt man nicht! Aber da ich ja so gut erzogen war, waren mir als Mädchen Schlägereien eh untersagt.

Brillen haben nur die schlechte Angewohnheit dreckig zu werden. Man sieht die Welt gefleckt oder durch Schlieren. Putztuch und Brillenetui gehörten von da an mit zu meiner Ausstattung und bekamen ihren festen Platz in der Schultasche und später in der Handtasche.

Bei Regen sind Brillen klar im Nachteil. Ebenso bei einem bestimmten Feuchtigkeitsgehalt der Luft gekoppelt mit definierten Wärmegeraden. Kurz nach erfolgtem Einstieg in die Öffis steht man zwar trocken, dafür aber im Nebel. Im Gedränge kramt man dann in der Handtasche nach einer Wischhilfe, entschuldigt sich bei den Mitfahrern, weil man dem einen den Ellbogen an die Nase gerammt hat (unter Normalos geht dieser Schlag immer zwischen die Rippen) und dem anderen auf den Fuß getreten ist. Denn zum Brilleputzen braucht man zwei Hände und kann sich folglich nicht festhalten. Die Fahrmanöver von Bus und Bahn kann man mit den Beinen nicht immer ausreichend ausgleichen.

Kurzum, Brille war Scheiße. Da konnte Mutti noch so oft sagen, dass mir das Nasenfahrrad stehe.

Sehhilfen machen das Leben teuer. Denn das, was gefällt, hängt meist nicht bei den Kassenmodellen. Dann kommt noch eine Sonnenbrille mit den entsprechenden Stärken dazu. Meine Werte änderten sich durchschnittlich alle zwei Jahre.

Wenn man mit einer Krücke lebt, kann man nicht erwarten, dass sich das Gebrechen bessert - es wird schlimmer.

Bricht man sich einen Fuß, so helfen die Unterarmgehstützen über die erste Zeit. Aber irgendwann muß man wieder lernen ohne sie zu laufen. Bei den Augen ist das nicht so. Einmal Krücke - immer Krücke. Da gibt es keine Physiotherapie. Ich versuchte es später mit Kontaktlinsen, stellte aber enttäuscht fest, dass dafür meine Tränenflüssigkeit nicht ausreichte. Notgedrungen blieb ich der Brille treu.

Der Kracher schlechthin war während der Gymnasialzeit die Augen-OP eines Mitschülers einige Jahrgänge über mir. Er hatte sich seine kurzsichtigen Augen lasern lassen. Als ich mit diesem Wunsch an meinen Vater herantrat, verbot er mir das. Viel zu gefährlich. Es gab zu dem damaligen Zeitpunkt ja auch noch keine aussagefähigen Studien, die einen Erfolg hätten belegen können.

30 Jahre nach meiner ersten Brille fing ich an zu sparen für eine solche OP. Durch meine Unterschrift entband ich den Arzt von jeglichen Folgen. Das ist bei diesen OPs leider so. Er wies mich noch auf mein fortgeschrittenes Alter hin, und dass ich ja in den nächsten Jahren mit der Weitsichtigkeit zu rechnen hätte. Aber, da er mir kein Versprechen geben konnte, dass sich das Eine durch das Andere aufheben, und wann genau das der Fall sein würde, unterschrieb ich.

Operiert wird unter örtlicher Betäubung, und es gibt für eine kurze Zeit einen Zustand, in dem man blind ist. Das Gefühl ist Scheiße, aber dann ist es sowieso zu spät. Also, Augen zu und durch.

Wie freute ich mich nach gelungener OP über mein schönes Gesicht – pur, ohne alles, nur mein Gesicht! Nach 30 Jahren!

Mir völlig unverständlich, wie Menschen mit einwandfreien Augen sich eine Brille mit Fensterglas kaufen, weil sie es schick finden Brille zu tragen. Solche Typen habe ich voll Erstaunen auch kennen gelernt.

Auto

Bis ich mir mein erstes Auto kaufte, dauerte es eine Weile. In der Großstadt ist man mit den Öffis doch recht flexibel. Und so fuhr ich die erste Zeit in meinem Berufsleben mit Bus und Bahn. 75 Minuten wenigstens für eine Strecke. dass diese Zeit nur bedingt entspannt verlief, lag an meiner Bahnlinie – im Jargon als „Orientexpress" bezeichnet - den Mitfahrenden und dem, was sie ausdünsteten, und der Klasse, für die ich einen gültigen Fahrschein gelöst hatte.

Nach einem Jahr war ich dann so genervt von der aufgewendeten Zeit, die ich von Tür zu Tür brauchte, dass ich über den Kauf eines Autos nachdachte und anfing Kleinanzeigen zu studieren und bei den Händlern über die Höfe schlenderte.

Ich hätte mir gerne einen Scirocco gekauft. Doch der Spruch von meinem Ex hinderte mich daran.

„Zwischen einen Scirocco und einen Manta paßt kein 5-Mark-Stück!"

Letztendlich kaufte ich mir einen kleinen, unscheinbaren Japaner. Er hat mir treu gedient. Es war ein Kompromiß und nicht die schlechteste Wahl.

Aber, alte Liebe rostet nicht. Und so gucke ich immer mal wieder die Kleinanzeigen nach einem Scirocco durch. Es muß der Alte sein. Ein Heizer-Auto. Heute einen zu kaufen traue ich mich nicht. Ich bin kein Schrauber und der finanzielle Aufwand und das Risiko ist mir zu groß. Ein unerfüllter Traum – nach wie vor.

Hunde

Nachdem mein Wunsch ein eigenes Pferd zu besitzen kläglich gestorben war, durfte ich zum Trost einen Hund halten. Damals war ich 14.

Generell waren meine Eltern den Tieren sehr verbunden. Mutti zog kleine Igel und Hasen auf, die wir draußen beim Spielen gefunden und nach Hause geschleppt hatten. Die Streifenhörnchen wohnten in einem großen Käfig bei uns im Wohnzimmer. Mongolische Rennmäuse bevölkerten unsere Kinderzimmer. Ebenso Kanarienvögel und Wellensittiche. Ganz zu schweigen von Hamster & Co.

Als ich auszog um meine Ausbildung zu machen, blieb mein Hund bei meinen Eltern.

Nachdem ich die Schule beendet und meinen ersten Job hatte, war der Wunsch nach einem Haustier wieder da. Katzen sind perfekte Begleiter für die arbeitende Bevölkerung und so zog ein Geschwisterpäarchen bei meinem Ex und mir ein. Ich hätte lieber einen Hund gehabt, aber das war mit meinem Job nicht zu vereinbaren und der Ex, damals noch Student, hatte keine Lust zu dieser Verantwortung.

So begleiteten uns die Katzen treu jahrelang. Den Kater haben sie uns geklaut, die Mieze wurde 17 Jahre alt.

Nachdem unser Haus gebaut und der Garten angelegt war, holte ich mir mit Erlaubnis meines Ex einen Hund. Ein Hund – ein richtiger Hund – fängt bei mir ab Kniehöhe an. Das entspricht einer Rückenhöhe des Hundes von 45 cm. Ich hätte gerne einen Dobermann gehabt; am liebsten mit coupierten Ohren. Der Ex war entsetzt.

„Keine großen Hunde bei kleinen Kindern!"

Unsere Söhne waren damals gerade 2,5 und 1,5 Jahre alt. Also blieben nur die Fiffis übrig. Heute eher geläufig unter Fußhupe, Kampfhamster oder Teppichporsche. Die Auswahl fiel mir schwer, waren es doch in meinen Augen aufgrund ihrer fehlenden Größe keine richtigen Hunde. Terrier sind anstrengende Flitzepipen, Yorkis & Co. gehören in die Ecke von Rudolph Moshammer. Dackel hatten wir in meiner Kindheit immer in der Nachbarschaft. Selten so unerzogene Hunde erlebt! Möpse schnarchen und stinken, weil sich der Schweiß in den Falten ihrer Gesichter sammelt. So blieben dann außer Pudel nicht mehr viele Rassen übrig. Und Pudel war für mich so ein richtiger Omi-Hund.

Was soll's, dachte ich und nahm die Jungs mit zur Züchterin. Völlig aus dem Häuschen von den kleinen Wollknäulen waren meine Kinder. Und so fiel es mir nicht schwer eine kleine Fluse mitzunehmen.

Motte war allerdings eine Mischung aus Pudel und Nacki, was ihrer liebenswürdigen Art keinen Abbruch tat - im Gegenteil. Diese Hunderassen sind extrem gefallsüchtig. Man muß nur darauf achten, dass sie aufgrund ihres Niedlichkeitsfaktors nicht Oberwasser bekommen. Angewandte Konsequenz ist hier hilfreich.

Sie war ein sehr unsicherer Hund und wollte sich nicht von Fremden anfassen lassen, vermied Kontakt zu anderen Vierbeinern. Um dem entgegen zu wirken, ging ich auf den Hundeplatz. Allerdings ohne Erfolg. Die Züchterin um Rat gefragt, empfahl einen zweiten Hund. Als ich mit diesem Vorschlag zum Ex ging, wanderten seine Augenbrauen ruckartig in den Haaransatz.

„Noch einen? Aber dann ist Schluß!"

Hätte ich doch auf einem Hund meiner Wunschgröße bestanden! Die Arbeit auf dem Hundeplatz ist viel einfacher, wenn auch hier die Verhältnisse einigermaßen stimmen. Das bemerkte ich allerdings erst später.

Stimme

Anfang der 80er Jahre war es bei uns an der Realschule üblich während des Musikunterrichtes allein oder zu zweit vorne ans Klavier zu treten und vorzusingen. Das wurde benotet.

Was mich jahrelang wurmte war, dass Susanne immer eine eins bekam, während ich mich mit einer zwei zufrieden geben mußte. Unter keinen Umständen hätte ich damals gewagt dem Lehrer gegenüber Einwände zu erheben.

Mit Anfang 40 wollte ich es noch einmal wissen. Die Jungs waren aus dem Gröbsten raus, und ich nahm alle zwei Wochen eine Stunde klassischen Gesangsunterricht. Nach einem Jahr kündigte mir die gute Dame die Stunden, weil sie Schüler am Konservatorium hatte, die den Unterricht bei ihr nötiger hatten als ich.

„Suchen Sie sich doch einen Chor", schlug sie vor.

Für keinen der Chöre in der näheren Umgebung konnte ich mich begeistern. Aber für Rock-Pop Gesang. Dafür fuhr ich sogar durch die halbe Republik und besuchte einen Workshop. Meine Meinung über diese Art zu singen, mußte ich schnell revidieren. Es ist gar nicht so einfach wie es immer aussieht. Ich lernte viel über mich selbst, Wirkung auf andere und über meine Stimme.

Über die hatte ich mir bis dato noch nie große Gedanken gemacht. Durch Übungen und Spielereien kitzelte der Workshopleiter aus jedem Teilnehmer auch noch den letzten möglichen Ton heraus. Ähnlich wie Morten Harket – Sänger von Aha - habe ich ein Stimmumfang von vier Oktaven. Das sind auf dem Klavier 32 weiße Tasten. Somit kann ich mir als Frau aussuchen, ob ich Bass, Alt oder Sopran singen will. Das war mir so nicht bewußt gewesen.

Früher hatte ich meinen Spaß mit meinem kleinen Bruder zusammen Iwan Rebroff zu begleiten. Oder wir sangen „I was born under a wandering star". Der Wechsel von Kopf- zu Bruststimme und umgekehrt fiel mir allerdings schwer.

Der Nebenbeieffekt dieses Workshops war viel tiefgreifender als gedacht, wurde mir doch mitgeteilt, dass meine Sprechstimme für meine Größe viel zu hoch sei. Ganz erstaunt ließ ich mich belehren, dass auch Mädchen einen Stimmbruch haben. Allerdings sind es da nur ca. vier Töne und nicht so wie bei den Jungs eine ganze Oktave. Da sich Mädchen oft an ihren Müttern orientieren, kann es schon mal vorkommen – gerade wenn Mutti höher spricht -, dass Töchterlein den Stimmbruch ignoriert. Ich hatte das getan. Nicht verwunderlich, dass ich immer so schnell heiser wurde, wenn ich viel redete. Auch laut sprechen konnte ich nicht. Spricht man nicht in seiner Komfortstimmlage, so ist das Arbeit für die Stimmlippen, die dann bei nochmals gesteigerten Ansprüchen schnell ihren Dienst versagen.

Ich fing an mit meiner Stimme zu spielen, bemühte mich tief zu sprechen.

Allerdings hatte ich nicht mit dieser vehementen Ablehnung meines Sohnes gerechnet.

„Mama, du sollst nicht so sprechen!"

So gerne ich mich verändern wollte, es war nicht gewünscht.

Diese erste tiefgreifende Erfahrung mit dem Singen als auch mit dem für mich neuem Sprechen, sorgte für einen Aha-Effekt.

Ich kann mich noch gut an meinen zweiten Job erinnern. Es gab damals einen Kollegen bei der Schwesterfirma, den ich für meinen Chef oftmals ans Telefon holen mußte:

„Frau Mejer, machen Sie mir doch mal eine Leitung mit Herrn Jacobsen!"

Zu gerne. Der Mann hatte eine Stimme, da wurde ich weich wie ein Pfund Butter an der Sonne.

Es gibt Stimmen, die sind besonders, denen kann man stundenlang zuhören. Und nun sagten mir Workshopteilnehmer und Coach, dass sich meine Stimme bestens zur Moderation des nächtlichen Jazzprogrammes eignen würde. Wow!

Stimm- und Sprecherausbildung! Der Ex schüttelte bei diesem geäußerten Wunsch nur mit dem Kopf. Wie ich mir das denn vorstellen würde. Selbst wenn ich es fertig brächte, wäre ich mit Mitte 40 ein Berufsanfänger. Niemand würde mich einstellen. Puff – Traum geplatzt.

Veränderungen

Mit Eheschließung nahm ich den klangschönen, ausländischen Namen meines Ex an; Musik in meinen Ohren. Ein guter Tausch gegen den 08/15 Nachnamen, der seit meiner Geburt zu mir gehörte. Ein Allerweltsname, den ich trotzdem immer wieder buchstabieren mußte, und der nur selten auf Anhieb richtig geschrieben wurde.

„Mejer – mit e j e!"

Das mein Ex ebenso mit seinem Nachnamen haderte, wurde mir erst bewußt, als ich mich um Namen für unseren Nachwuchs kümmerte. Für die Jungs wollte ich unverwechselbare, einzigartige Namen.

So suchte ich Vornamen, die gut zu dem Nachnamen paßten. Unter anderem Milan, Jaro, Goran und Darko. Sie wurden alle vom Ex abgelehnt, weil er Probleme mit seinen ausländischen Wurzeln hatte. Deswegen sollten die Kinder einen deutschen Vornamen haben.

Nachvollziehen konnte ich das nicht. Seine Großeltern waren schon lange vor 1920 eingewandert. Seine Eltern hatten kaum noch Bezug zu der

Heimat ihrer Vorfahren und sprachen akzentfreies deutsch.

Vorschläge seinerseits kamen allerdings nicht. Und so erlaubte ich mir zehn Tage vor errechnetem Geburtstermin ihm die Pistole auf die Brust zu setzen. Wenn er sich noch an der Namensfindung beteiligen wollte, dann jetzt. Sonst würde ich allein entscheiden.

Grummelnd zog er von dannen nur um innerhalb der nächsten dreißig Minuten kleinlaut vor mir aufzutauchen und zu fragen, ob ich nicht schon eine Liste gemacht hätte mit meinen Favoriten. Ich hatte. Ob er mal gucke dürfte? Ich gab sie ihm.

Und so heißt der Erstgeborene Carl Darko, der Jüngere Hans Jaro. Ein Kompromiß, mit dem jeder von uns gut leben konnte.

Mit der Heirat hatte ich mich also von meinem Mädchennamen verabschiedet. Mit der Geburt von Darko löste ich mein Konto auf. Für mich ein schwerer Schritt. Als Mutter und Hausfrau verdiente ich nichts mehr. Also erübrigte sich ein eigenes Konto. Lange, ganz lange Zeit hatte ich Manschetten vom Gemeinschaftskonto Summen für meinen persönlichen Bedarf ab zu heben. Ausgaben für das tägliche Leben konnte ich durch Kassenbelege nachweisen. Aber ich hatte immer ein schlechtes Gewissen, wenn es um persönliche Ausgaben von mir ging. Obwohl ich alles andere als ein Modepüppchen bin, fragte ich mich bei jedem Kleidungsstück „Ist das notwendig?" Kein eigenes Konto/Geld zu haben war für mich eine große Belastung. Aber das stellte ich auch erst später fest.

Äußerlich hat sich so einiges verändert.

Seit meinem vierzigsten Lebensjahr lasse ich mir meine Haare wachsen. In der Kindheit hatte ich meist einen Pott-Schnitt à la Prinz Eisenherz. Das war für Mutti praktischer, denn damit konnte ich mir meine Haare selber kämmen. Frisieren entfiel, und sie hatte Zeit für meine beiden Brüder.

Während der Schulzeit waren die Haare mal kurz, mal lang und im Büro war es der Bob in all seinen Varianten.

Kurz nach der Geburt von Hans ließ ich mir die Haare das letzte Mal raspelkurz schneiden so wie Gabriele Krone-Schmalz – ohne Pony.

Die Größe und die Haarlänge gepaart mit einer Bomberjacke und Cowboystiefeln ließen mich auch in den dunkelsten Ecken vom Kiez unbehelligt. Mehr Mann als Frau. Mutti wäre vor Angst gestorben, hätte sie gewußt, wo ich mich herumgetrieben hatte.

Die Entdeckung der Weiblichkeit bei 1,85 m war für mich ein zweischneidiges Schwert. Äußerlich durchaus Frau, für die Jungs aufgrund der Größe eher Kumpel als Beute. Lange Zeit ging ich in Sack und Asche. Bloß nicht noch mehr auffallen! Weiter Schlabber-Look und Bubikopf.

Heute, mit langer Mähne in Salz und Pfeffer bis an die Gürtellinie und meinem blassen Hauttyp, sehe ich so ein bißchen aus wie Mortricia Adams. Makaber - aber durchaus passend zu diesem Bild – nahm Omi mich als kleines Kind immer gerne mit auf den Friedhof - nicht um tote Verwandte zu besuchen - nein, der bunten Lichter wegen.

Als Domina in schwarzem Leder hätte ich vor zwanzig Jahren bestimmt Karriere gemacht. Ich selber bin nie auf diesen Gedanken gekommen und war jedes Mal erstaunt darüber, was andere mir zutrauten. Auch Fragen in diese Richtung muß ich noch heute ab und zu verneinen.

Mittlerweile habe ich meinen Spaß an figurbetonter Kleidung. Bei meinen Maßen kann ich mir das auch leisten. Wobei - allgemein betrachtet - in den letzten Jahren die Hemmschwelle weit nach unten gesunken ist, und jede, die meint sie könne

Leggins tragen, dies auch tut ohne sich ernstlich zu hinterfragen, ob denn die Erscheinung nicht eher abschreckt als anzieht. Das Material steht doch bedenklich unter Spannung, wird transparent. Die Dellen in den Oberschenkeln sind mehr als nur erahnbar. Das macht mir manchmal Angst.

Dick oder dünn – kennen tue ich beides. Beides hat Vorteile aber auch Nachteile.

Die 100 kg Grenze knackte ich bei jeder Schwangerschaft und mußte mir böse Worte vom Gyn anhören. Freß-Flash hatte ich nicht, ernährte mich gesund mit Müsli, Milchprodukten und ganz normaler Mischkost.

Beruf & Berufung

Ich kann mich nicht erinnern, was ich als kleines Kind, gefragt nach meinem Berufswunsch, angegeben habe. Als Teeny wollte ich zur berittenen Polizei oder dritter Offizier auf einem Ozeanriesen werden.

Das Praktikum in der neunten Klasse war ganz schrecklich. Kindergarten und sozialer Pflegedienst. Sie waren mir eine große Orientierungshilfe. Nach Beendigung wußte ich genau, diese Berufssparte war tunlichst zu meiden.

Was ich werden wollte? Ich wußte es nicht. Das Berufsbild meiner Eltern - Apotheker und Apothekenhelferin - war mir da nicht erstrebenswert. Der Talentebogen vom Arbeitsamt, den wir in der Schule zum Ausfüllen bekommen hatten, war auch keine große Hilfe. Gefühlt las ich Unmengen an Berufsbeschreibungen, ohne dass mich wirklich eine interessiert hätte.

Da ich ein sehr gutes Realschulzeugnis nach Hause brachte, war es naheliegend, dass ich auf das Wirtschaftsgymnasium wechselte. Pudding-Abitur. Genervt und frustriert entledigte ich mich so schnell wie möglich der Fächer Mathe, Physik und Biologie.

Lieblingsfächer wie Kunst, Musik und Textiles Gestalten gehörten der Vergangenheit an. Zielerreichung hieß: Fachhochschulreife.

Der Sinn verbarg sich mir, und ich bat meinen Vater mir zu erlauben nach der zwölften Klasse in den Sack zu hauen. Er lehnte ab, weil ich ihm keine Alternativen aufzeigen konnte. Wie auch? Alles, was ich gerne gemacht hätte, war indiskutabel, da finanziell nicht erfolgversprechend.

Meine Talente liegen im künstlerischen, musischen Bereich. Als ich vier Jahre alt war, brachte der Nikolaus mir eine Tröte mit farbigen Klappen. Das kleine dazugehörige Büchlein hatte entsprechend der Klappen gefärbte Noten. Da ich die abgedruckten Weihnachtslieder ja alle schon vom Singen her kannte, war es ein Leichtes sie zu spielen.

Mutti erkannte diese Gabe und ich bekam Flötenunterricht. Der Klavierunterricht, den ich mit sechs Jahren erhielt, war nicht so erfolgreich. Das lag bestimmt zum einen daran, dass wir nur ein altes Harmonium hatten. Mittels Betätigung eines Fußpedals muß man für einen Luftstrom sorgen, der dann das Instrument erklingen läßt. Es hört sich mehr nach Orgel an als nach einem Klavier. Zum anderen mußte ich immer dann üben, wenn im Fernsehen gerade Sesamstraße lief, denn nachmittags war ich als Wildfang draußen unterwegs und Mutti beschäftigt mit meinen kleinen Brüdern.

Von Onkel Justus bekam ich eine alte Geige geschenkt. Das war kurz vor meinem zwölften Geburtstag. An der örtlichen Musikschule erfolgte dann der Unterricht in einem kleinen Raum, der immer miefig und überheizt war. Die Lehrerin war eine alte Schachtel mit hochtoupierten Haaren. Mutti blieb während des Unterrichtes im Raum. Es war nach der dritten oder vierten Stunde, da sagte die Geigenlehrerin zu ihr:

„Also, Frau Mejer, ihre Tochter hat höchstens, höchstens 30 Prozent Begabung. Der Rest ist Fleiß!"

Todesstoß für meine Streicherkarriere. Trotzig spielte ich noch weitere zehn Jahre unter anderem im Orchester; jahrelang die zweite Geige, später Bratsche.

Voller Grausen denke ich heute noch zurück an das alljährliche Vorspielen im großen Saal der Musikschule. Alle Schüler und deren Eltern saßen da.

Ich weiß nicht warum, aber komischerweise fand sich für mich selten eine Begleitung, so dass oft einer der Klavierlehrer diesen Job übernahm. Das vorherige Üben fand nur schnell mal zwischen Tür und Angel statt. Trotzdem oder gerade deshalb hatte ich das Gefühl der Minderwertigkeit. Und so stand ich also auf der Bühne, eine große, pummelige Brillenschlange mit mäßigem Talent, begleitet von einem Profi.

Die Noten verschwammen vor meinen Augen, die Tränen sammelten sich vor den Brillengläsern und flossen rechts und links davon über die Wangen. Ich spielte auswendig meine Stücke zu ende. Danach weigerte ich mich an diesen Veranstaltungen teilzunehmen.

Opi schenkte mir Mal- und Zeichenbücher, da konnte ich gerade einen Stift halten. Von Onkel Justus bekam ich Kreide und Aquarellpapier. Alle Großeltern schleppten mich durch zahlreiche Museen, ins Theater und zum Ballett. Kunst und Kultur wurde groß geschrieben. Es war wichtig, diente der Persönlichkeitsbildung. Geld zum Leben konnte man allerdings nicht damit verdienen. Onkel Justus mußte als armer Künstler immer als Negativbeispiel herhalten. Mit seinen Schnitzereien hatte er nicht einen Pfennig verdient. Seinen Lebensunterhalt bestritt er als Gelegenheitsarbeiter. Kunst war schön - mehr nicht.

So spielte ich Flöte in der Flötengruppe, sang im Schul- und im Kirchenchor, spielte Gitarre in der Konfirmandengruppe, im Orchester Geige und in der Jazzband der Musikschule Barritonsaxophon.

Ich hielt nicht viel von mir, hatte ich doch schon früh erfahren, dass ich mehr oder weniger untalentiert war und Kunst und Musik nichts wert.

Die 35 Stunden Woche eines damaligen Arbeitgebers bescherte mir einiges an Freizeit. So fing ich an Klarinette zu spielen.

Grundsätzlich mißtrauisch gegenüber dem, was andere Positives über mich sagen, fing ich eines Tages doch an, über meine musikalischen Talente nachzudenken. Ausschlaggebend dafür war eine Bemerkung meines Klarinettenlehrers. Er sagte in einer Unterrichtsstunde zu mir:

„Du hättest bei den Berliner Symphonikern sitzen können!"

Es dauerte einige Zeit, bis mir bewußt wurde, dass er das wirklich ernst gemeint hatte.

Gut aufgehoben wäre ich gewesen auf einer Waldorfschule. Die gab es bei uns am Ort leider nicht, und so durchlief ich das staatliche Schulsystem, das Arbeiter für die Republik heranzieht ohne auf Individualität und Talent Rücksicht zu nehmen. Arbeiten und Geld verdienen. So geschah es auch. Meinen Job wählte ich, weil mir das Thema lag, aber nicht weil es eine Herzensangelegenheit war.

Wie faszinierend der Eindruck eines Menschen ist, bei dem der Beruf gleich Berufung ist, erlebte ich an einem Kinderarzt. Als Mann war er noch nicht einmal durchschnittlich groß, aber er wirkte groß. Aura-Dingenskirchens liegt mir fern, aber der Mann strahlte solch eine Ruhe und Zufriedenheit aus, dass ich kaum einen Blick von ihm wendete. Das Aha-Erlebnis. So sah das also aus, wenn man mit Herz und Seele dem nachgeht, was man am liebsten tut und damit auch noch seinen Lebensunterhalt bestreitet. Meine Eltern sahen nicht so aus. Der Ex auch nicht. Weder im näheren noch im entfernteren Bekanntenkreis traf ich auf so einen Menschen.

Omis Rollenbild der Frau war althergebracht. Traditionsverhaftet und selbstverständlich richtete sich das Interesse der Frau auf Familie und Ehemann. Der sollte bitteschön wenigstens zehn Jahre älter sein – damit ich von seiner Lebenserfahrung würde profitieren können - und einen intellektuellen Beruf ausüben.

Von meinen Eltern wurde ich jedoch zur Selbständigkeit erzogen. Die Gleichheit der Geschlechter wurde allerdings nicht in der Familie praktiziert. Vati ging arbeiten, während Mutti den ganzen Tag zu Hause war – eben traditionell.

Eine komische Zerrissenheit, die mir lange Zeit zu schaffen machte. Karriere? Ja! Familie? Ja! Vereinbarkeit? Nein. Also, jedes zu seiner Zeit und dafür zu 100 %.

Im Sekretariat ist man durchaus die Mutter der Kompanie, zuständig für Wunscherfüllungen jeglicher Art. Von der Tasse Kaffee, über gemachte Kopien, Eindecken ganzer Sitzungssäle, Organisieren geschäftlicher Ereignisse nebst Reisegestaltung, Beschaffung von Geschenken – auch für die Ehefrau und die wechselnden Freundschaften der Herren Manager.

Hier gilt ebenso wie in einer guten Ehe, der Chef kann nur so gut sein wie seine Vorzimmerdame.

Wirtschaftskorrespondentin war kein Berufswunsch sondern ein kühles Abwiegen der vorhandenen Gegebenheiten. In Sprachen war ich gut, in Recherche und Zusammenstellen von Informationen auch. Talente wie Anpassungsfähigkeit, Einfühlungsvermögen, Verbundenheit, Wißbegier und Höchstleistung ließen mich die Karriereleiter bis nach oben klettern.

In meiner ganzen Laufbahn gab es nur einen Chef, der größer war als ich.

Das Berufsbild änderte sich, im Arbeitsvertrag stand dann auf einmal persönliche Assistenz. Und ehe frau sich versah, fand sie sich wieder in der Kategorie „Tippsette".

Raus aus der Tretmühle, neue Wege suchen. Das tun, was mich erfüllt – wenigstens halbtags. Die zweite Chance mit Fünfzig.

Probleme und so

Große Leute haben eine Menge Probleme. Das liegt in ihrem Längenwachstum begründet und in der Tatsache, das alles an Normalos gemessen wird.

Wir Großen sind eben alles andere als durchschnittlich. Und das bekommen wir auch immer wieder in verschiedenster Art und Weise auf das Brot geschmiert.

Probleme sind mannigfaltig und oft einfach nur banal. Wenn ich bei Regenwetter keinen Schirm dabei habe, dann gehe ich Umwege um nicht aus Versehen mein Augenlicht zu verlieren. Mein Gesicht ist nämlich genau auf der Höhe der Speichen der Schirme der Normalos. Welcher Normalo denkt schon daran, dass er einem größeren Menschen damit die Augen ausstechen kann? Keiner! Zumal der Schirm ja auch noch das Sichtfeld einschränkt, und der Blick bei Regenwetter meist nach unten gerichtet ist. Also gehe ich dort, wo sich wenig Normalos aufhalten.

Dieses Risiko des Augenauspiksens gilt in gewisser Weise auch für Marktschirme. So habe ich mir angewöhnt mich bedächtig, ohne schnelle

Wendungen, auf dem Markt zu bewegen. Das könnte sonst glatt ins Auge gehen.

Banal sind auch die meist zu kurzen Hosen. Wobei heute das Angebot dank einer Vielzahl amerikanischer Marken doch recht einfach zu überschauen ist. Das erste Kriterium, das erfüllt werden muß, wenn ich ein Geschäft betrete, ist die Länge: L 36. Ich bin schon glücklich, wenn es ein Modell mit dieser Länge gibt. Eine Steigerung läßt sich mit einer weiteren Farbe erreichen, und wahrhaft überglücklich bin ich, wenn sich noch ein anderer Schnitt finden läßt. Oft genug mußte ich mir in der Vergangenheit Vorschläge anhören wie:

„Sie könnten auch mal eine Herrenjeans probieren!"

„Die paßt nicht", erwiderte ich lakonisch.

„Aber sie haben doch noch gar nicht probiert!", entrüstet sich die Verkäuferin.

„Brauche ich auch nicht. Haben schon vor Jahren nicht gepaßt. Sind eben Hosen für Jungs und nicht für Mädchen!"

Ich sage es nicht laut. Ganz toll kommt auch immer der Vorschlag:

„Und Unisex?"

„Ne, die passen auch nicht!"

Hochwasserhosen habe ich schon als Kind getragen. Grundsätzlich erfolgte der Wachstumsschub auch immer kurz nach dem Hosenkauf. Eben noch gepaßt, schwups zu kurz. Mutti war ja auch patent und nähte flugs schicke Blümchenborten an die Enden. Nur ab einem gewissen Alter ist das wahnsinnig uncool. Und so trug ich erhobenen Hauptes ¾ oder auch 7/8 Hosen, egal was die Mode gerade vorschrieb. Außerdem kamen so die karierten Poppersocken viel besser zur Geltung.

Jeder normale Rock, wie alles andere von der Stange, wird bei meinen langen Beinen zum Minirock. Ist nicht so schlimm, die Stelzen sind schick, und ich kann das tragen. Trotzdem hätte ich gerne mal einen knieumspielenden Rock wie es in der Mode so schön heißt.

Wirklich traurig war ich, als diese langen Wallawalla-Röcke modern wurden. Bei den Normalos war er dann auch bodenlang. Bei mir endete er Mitte Wade. Sieht einfach Kacke aus. Mutti versuchte zu trösten:

„Dann näh' dir doch selber so einen Rock. Der ist ganz einfach!"

So fing ich an für mich zu schneidern, aus der Not heraus. Und wenn es etwas Tolles sein soll, so spare ich für die Schneiderin.

85 B ist ja nun nicht viel, verglichen mit dem, was die jungen Mädels heute vor der Hütte haben. War ich früher ein Plättbrett mit Erbsen, so darf ich mich heute – Wechseljahre sei Dank – nochmals über einen Hormonschub und einen gewachsenen Busen freuen. Der BH Kauf ist dadurch aber nicht einfacher geworden. 85 Zentimeter Brustumfang paßt zu meiner Länge. Was nicht von der Bekleidungsindustrie berücksichtigt wird, ist die Anordnung der Möppe. Heute brauche ich einen BH in 80 C, am besten einen, der vorne schließt.

Nicht dass mein Brustkorb geschrumpft ist, nein. Trick 17 ist bei dieser Wahl noch ein Verlängerungsstück vorne einzusetzen, damit die Tüten sich auch am rechten Platz befinden. Trage ich einen BH, der hinten zu schließen ist, werden die Brüste vorne spitz zusammengequetscht und erinnern an Zwillingskanonen.

Große Frauen haben oft Probleme mit ihren Füßen – die sind meist auch überdurchschnittlich groß. Schicke Schuhe ab Schuhgröße 42? Die Suche nach der Nadel im Heuhaufen gestaltet sich als ähnlich schwierig. Auch hier werden die Großen finanziell extra zur Kasse gebeten.

Manche Modetrends kann man glattweg auf unbestimmte Zeit verschieben, denn die Anschaffung wäre Maßarbeit, und gutes Handwerk hat seinen Preis. Ich bezweifele, dass ich jemals zu denen gehören werde, die genug Zaster für eine solche Anschaffung haben werden. Overknees.

Günstige Exemplare gibt es aus schwarzem Kunstleder mit High Heels. Diese Art Sitzstiefel überlasse ich aber gerne den Damen des horizontalen Gewerbes. Wie gesagt, auf meiner Wunschliste stehen sie nach wie vor. Aber mit flachem Absatz, aus Nappaleder, ganz schlicht und schön.

Heutzutage ist Kluft Pflicht, will man mit dem motorisierten Zweirad fahren. Komischerweise hat mich der Kauf meiner Kluft doch überrascht. dass das nicht leicht sein würde, war mir schon klar, egal zu welchem Motorradausstatter ich ginge.

Von hinten durch die Brust ins Auge – genau so wird die Auswahl getroffen. Sie beginnt nämlich mit der Suche nach der längsten Hose. Und die ist wie immer viel zu kurz. Hat man die Eine gefunden, so steht der Hersteller fest. Mit Glück kann man dann noch unter den Jacken wählen. Natürlich kann man auch verschiedene Hersteller nehmen, nur dann lassen sich Jacke und Hose nicht mehr mittels Reißverschluß verbinden. Trotz Nierengurt wird es dann kalt im Kreuz.

Wer vermögend ist, der geht einfach zum Sattler und läßt sich aus Leder eine Maßanfertigung schneidern.

Sitzplätze im Flieger, in den Öffis und im Auto bemessen sich am Durchschnitt. Der Sitzplatz im Fond der Familienkutsche hinter dem Fahrer war Bestrafung und Folter zugleich. Von uns Kindern wollte da nie jemand sitzen. Erst mußten wir einsteigen, dann Vati. Von hinten gaben wir Meldung, wenn der Vordersitz, den er so weit wie möglich zurück schob, unsere Knie erreicht hatte. Beinfreiheit? Was ist das? Gibt es das auch für große Leute?

Die wenigen Plätze im Flieger, die so etwas wie Beinfreiheit versprechen, sind rar, meist ausgebucht und mit einem Aufpreis versehen.

Als die Deutsche Bundesbahn noch Staatsbetrieb war, gab es noch so etwas wie Kopffreiheit. Das Material war alt aber verläßlich. Die Heizung ging im Sommer, dafür aber nicht im Winter. Das war ja nicht so schlimm, schließlich konnte man noch jedes Fenster öffnen und die Türen der Wagen und Abteile blieben auch auf, wenn man sie nicht wieder schloß. Die Hutablage – heute ein Witz - war noch als solche zu verwenden und die Gepäckablage ordentlich dimensioniert.

Verspätungen gab es auch damals. Aber das lag dann oft daran, dass minderbemittelte Geister meinten, sie müßten auf den Gleisen Murmeln spielen oder an höherer Gewalt. Heute, mit der gewachsenen Zahl der Pendler, sind die Wagen doppelstöckig, vermitteln mir das Gefühl eben unter der Decke zu wandeln. Automatisch ziehe ich den Kopf ein und stoße mich trotzdem immer wieder.

Waren früher die Sitzpolster noch mit rotem Kunstleder bezogen und mit echten Sprungfedern versehen, so sitzt man heute bretthart. Eingepfercht wie das Geflügel in der modernen Legebatterie.

Früher gab es Schaffner, heute heißen sie Zugbegleiter. Wenn sie nicht da sind, fährt der Zug nicht ab oder fährt ohne Fahrgäste. Man löst sein Ticket am Automaten.

Zu meiner Ausbildungszeit, als ich noch vom Land jeden Tag in den Stadtstaat pendelte, löste ich die Monatskarte am Schalter. Der Bahnhof war ein altes Gebäude mit einem Wartesaal mit alten eichenen Bänken bestückt, warm und miefig. Rauchen war erlaubt. Überall standen die kleinen, knollenförmigen Bierflaschen, deren Inhalt schon lange verdunstet war. Kann mich nicht erinnern, dass das damals thematisiert wurde.

Heutzutage erfolgt nach jedem Halt die Durchsage, dass der Alkoholgenuß im Zug verboten und mit 40,00 Euro geahndet wird. Mußte ich doch lächeln, als ich letzthin im Mülleimer auf dem Bahnsteig in Alu gewickelte 200 ml Dosen fand. Die Farben schätzte ich auf silber-grün oder silber-pink. Stößchen!

In einem RE der heutigen Zeit gibt es für mich genau 16 mögliche Sitzplätze von denen man behaupten kann, sie hätten etwas von Beinfreiheit. Die befinden sich im oberen Stock des Fahrradwagens und sind vier gegenüberliegend, nebeneinander in Längsrichtung angeordnet. Eher eine Sitzbank. Vorzugsweise von Frauen, die sich durch das Pendeln her kennen, mit Beschlag belegt. Der Hühnerstall ist gerade morgens oft mein erster Gedanke.

In ein Standardbett passe ich noch so gerade eben rein. Doof ist in Hotels die Bettwäsche. Meist auch Standard und demzufolge zu kurz. Das Schlafen wird ungemütlich. In ausgestreckter Form werden entweder die Füße oder aber die Schultern kalt.

Abhilfe schafft hier nur die Embryostellung. Dieses Problem gilt auch für Badewannen. Entweder gucken die Knie aus dem Wasser oder aber der Oberkörper. Gemütlich entspannen geht anders.

Der Schlosser machte große Augen, als ich den Kinderbuggy in seine Werkstatt schob, mit der Bitte mir die Griffe zu verlängern, was mir als überdurchschnittlich großer Frau ein aufrechtes Gehen hinter dem Gefährt erlaubte.

Junge Mutter mit Kleinkind und Baby, wohnhaft in den Bergen, brauchte kein Fahrrad. Da stimmte ich mal dem Ex zu. Also verschrottete ich mein geliebtes Rennrad.

Als Flachlandtiroler mag ich den Gegenwind. Er macht die Strecke interessant, fordert heraus. Fehlt er, so fährt man ganz gemütlich von A nach B. Das passiert in den Bergen nicht. Sie sind immer da, d. h. fährt man runter, muß man wieder rauf. Sie sind nicht so wie der Gegenwind. Es ist mir jedenfalls noch nie passiert, dass sich der Berg einfach mal so aufgrund geänderter Wetterbedingungen einebnete.

Das häßliche 08/15 Trekkingbike, welches ich beim Discounter erworben und mit Kindersitzen bestückt hatte, verkaufte ich nach der Trennung. Ich wollte mein altes Rennrad zurück. Voll Erstaunen mußte ich feststellen, dass Damenräder mit einer Rahmenhöhe von 60 cm als Neuanschaffung preislich nicht in Frage kamen und in Kleinanzeigen als wahre Raritäten gehandelt wurden.

Richtig teuer wird der Hausbau. Ist er ja sowieso schon, aber wenn man als großer Mensch noch Extrawünsche hat, weil man so leben möchte, wie der Normalo es tut, nämlich mit einer Einrichtung, die auf die Körpergröße abgestimmt ist, sind Summen zu berücksichtigen, die nicht mal eben aus der Portokasse beglichen werden können.

Ich liebe Altbauwohnungen. Warum? Weil sie zu mir passen – vom Verhältnis her. Die hohen Decken und entsprechend hohen Türen geben mir ein gutes Gefühl. Möchte ich das in meinem eigenen Haus umsetzen, so springen die Kosten in exorbitante Höhen – allein schon, wenn man von der standardisierten Deckenhöhe von 2,50 m abweicht. Alles bezieht sich auf die Körpergröße des Normalos. Die Höhe der Decken, Türen, die Arbeitsflächen in der Küche, Position von Waschbecken und Lokus, die Lichtschalter, Steckdosen und vieles andere.

Ich kann mich noch gut an den Küchenbauer erinnern, der vor Schreck seine Augenbrauen bis unter den Haaransatz schnellen ließ, als ich ihm die von mir gewünschte Höhe der Arbeitsplatte mitteilte. Das sei viel zu hoch!

Um jeden Dreck muß man kämpfen, sich mit Unglauben herumschlagen. Stur beharrte ich auf meiner Forderung. Letztendlich holte er zwei Böcke aus der Werkstatt, stellte die von mir gewünschte Höhe ein und wuchtete eine Spüle drauf. Als ich daneben stand nickte er. Paßt!

dass ich im Schulsport so eine große Pfeife war, liegt zum einen an den nicht vorhandenen Muskeln in den Armen – typisch für KPU. Aber, was sich mir erst vor kurzem erschloß, war die Tatsache, dass – selbst wenn ich dünn bin – ich beim Klimmzug viel mehr Körpergewicht ziehen muß als ein Normalo.

Auch hier kam der Geistesblitz erst vor kurzem. Bei einem BMI von 22,4 komme ich auf einen Wert von 125 %, lege ich die Durchschnittsfrau von 1,64 m und 60 kg zu Grunde. Habe ich den Dreisatz richtig angewandt, so heißt das für mich: 25 % mehr ziehen beim Klimmzug. Es ist also kein Wunder, wenn ein kleiner Hämpfling mit einem Fliegengewicht schnell mal 50 Klimmzüge hinlegt.

Das heißt: Für mich als Riese gilt zwar die gleiche physikalische Formel, aber das Ergebnis ist ein ganz anderes.

Physik, dieses naturwissenschaftliche Fach war ja nie meins. Aber interessant sind auch die Hebelgesetze nebst Drehmoment. Wir haben fast überall in unserem Körper Hebel – immer da, wo Gelenke sitzen. Sie sind einarmig, gleicharmig oder ungleicharmig und werden durch Muskelkraft bewegt. Sie sorgt für die Stabilisierung.

Der menschliche Körper ist hohen, mechanischen Belastungen ausgesetzt und funktioniert normalerweise gut, wenn das Zusammenspiel von Muskeln, Sehnen, Bändern und Knochen aufeinander abgestimmt ist. Durch meine Stoffwechselschwierigkeiten und mein desaströses Bindegewebe habe ich enorme Nachteile.

Ich habe also als großer Mensch wesentlich längere Arme, Beine und einen längeren Rumpf. Pflichtprogramm: Zwei mal die Woche Muckibude und pumpen. Moderates Krafttraining - wenig Gewicht aber viele Wiederholungen - gehört seit neuestem zu meinen sportlichen Betätigungen.

Täglich verbringe ich zehn bis fünfzehn Minuten auf dem Trampolin. Das beste Beckenbodentraining, das mir bisher untergekommen ist.

Groß und stämmig ist nix, groß und schlank ist aber auch nur bedingt was. Dick ist in unserer Gesellschaft eher akzeptiert als dünn, wobei ich immer im „normalen" Kurvenbereich des BMI war.

Trotzdem erkundigten sich besorgte Familienmitglieder, ob ich nicht magersüchtig sei. Nur weil andere dick sind und sich einen Dreck um Ernährung und Sport scheren, muß ich es nicht auch sein.

Allerdings habe ich festgestellt, dass man als schlanker Mensch eine Art „Schein-Riesen-Phänomen" besitzt. Je schlanker man ist, desto größer erscheint man. Waren doch viele enttäuscht, dass ich keine zwei Meter groß war. Sie hatten sich doch tatsächlich verschätzt.

Ist das Herz eines großen Menschen auch prozentual um die Differenz größer, die er von der Durchschnittsgröße abweicht? Das bezweifele ich und glaube, dass es mehr leisten muß - bei der Giraffe ist das ja auch so -, da die Distanz Herz zu Hirn größer ist und damit mehr Kraft benötigt wird um die Blutversorgung der grauen Zellen zu gewährleisten.

Bei so vielen Problemen ist es nicht verwunderlich, dass die Großen so manches Mal mit einer Haßkappe durch das Leben gehen.

Wir können nichts dafür, dass wir so groß geworden sind. Wenn wir Dinge haben wollen, die für andere normal sind, bekommen wir sie oftmals nicht oder müssen teuer dafür bezahlen. Die meisten großen Leute sind aber nicht Krösus sondern finanziell gesehen Durchschnittsbürger.

Das andere Geschlecht

„**D**u bist aber schön groß! Du bist mir schon vorhin aufgefallen!", flötete es piepsend hinter mir.

Nachdem ich mich umgedreht hatte, sah ich mich in meiner Ahnung bestätigt.

Zwergenfrau traf auf Riesenmann. Sie klimperte mit ihren Wimpern und schmachtete ihn von unten her an. Er fühlte sich indessen gebauchpinselt und grinste dümmlich.

Uzi raus und niedermähen. Beide. Nicht nur die Zwergenfrau, die mit ihrer Art dafür sorgte, dass das schmale Angebot potentieller, großer Männer sich für mich noch weiter verkleinerte sondern auch den Mann. Den erschoß ich gedanklich gleich mit, denn der war der kleinen, doofen Pygmäe erlegen und für mich damit raus aus dem Rennen.

Diese Situation ist immer wieder zu beobachten. Daran hat sich selbst nach fast 25 Jahren, die ich im sicheren Hafen der Ehe verbrachte, nichts geändert. Wieder zurückgekehrt unter die Suchenden, mußte ich frustriert feststellen, dass ich nahtlos dort weitermachen konnte, wo ich Jahre zuvor wütend und traurig gestanden hatte. Die Welt war ungerecht. Aber, das war in diesem Punkt ja nichts Neues.

Kleine Frau und großer Mann, diese Konstellation sieht man durchaus öfter. Ich sinnierte über dieses Thema und kam zu dem Schluß, dass diese Art der Männerjagd so erfolgreich verlief, weil sie den männlichen Beschützerinstinkt weckt. Durch ihre geringe Größe löst sie beim Mann so eine Art Kindchenschema-Reflex aus.

Und welcher Mann sieht sich nicht gerne in der Rolle von Superman? Held und Retter, der seine Arme ausbreitet für das schwache, kleine Frauchen.

Leider ist diese durchaus erfolgreiche Vorgehensweise der weiblichen Erdnuckel nicht auf große Mädchen übertragbar, denn die sind groß. Nix mit Kindchenschema. Auch das Anschmachten von unten her entfällt, weil man mehr oder weniger auf Augenhöhe kommuniziert. Wollte ich mich so verhalten wie der weibliche Stöpsel, wäre der Mann wohl leicht irritiert und zu recht der Meinung, ich hätte einen weichen Keks. So verhält sich keine große Frau. Dieses Verhalten ist mit der Körpergröße nicht vereinbar.

Bei solch ungleichen Paaren ist allerdings mit körperlichen Beeinträchtigungen zu rechnen. Will sie zu ihm sprechen, muß sie ihren Kopf in den Nacken legen. So auch bei herzigen Begrüßungen. Das findet die HWS alles andere als toll. Über kurz oder lang stellen sich Schmerzen ein. Aber auch für den Mann hat das körperliche Konsequenzen. Er muß sich ständig nach vorne bücken. BWS-Syndrom – aufgrund eines Rundrückens - läßt grüßen. Ich bin da mittlerweile schmerzbefreit und denke mir:

„Schicksal ist bekanntlich selbst gewählt!"

Kein Mitleid!

Knutschen beim Sex ist nur bedingt möglich. Schade auch!

Omi hatte mich gleich nach dem bestandenen Abitur auf die zu erwartenden Schwierigkeiten in Sachen Männersuche hingewiesen.

„Ach Kindchen, du wirst es einmal sehr schwer haben!", hatte sie gesagt.

So naiv und lebensfremd wie sie in vielen Dingen war, hier lag sie mit ihrer Einschätzung goldrichtig.

Nicht umsonst gilt der Spruch „Dumm fickt gut!". Das Schöne bei einem IQ von 102 ist, dass ich mich dumm stellen kann. Nutz allerdings nur bedingt was, denn auf Dauer ist dieser Zustand unbefriedigend. Die Kombination macht es. Vielleicht wäre dumm und groß gar nicht so schlecht. Dann würde ich als einfach gestricktes Gemüt die Dinge viel lockerer sehen.

Der Mann ist größer als die Frau. So war das schon immer. Gerne gab Omi die Geschichte eines entfernten Verwandten zum Besten, der um einiges kleiner war als seine Frau. So brachte er sich für das Hochzeitsfoto einen kleinen Schemel mit, damit wenigstens auf dem Bild die Tatsache, dass der Mann größer sei als die Frau, gewahrt wurde.

Betrachtet man die Durchschnittsgröße beider Geschlechter, so ist der Unterschied heute mit 14 cm zu veranschlagen. Möchte ich diesen Durchschnittswert auf mich und meinen Partner übertragen, so müßte der 1,99 m groß sein. Dann würden wir als Paar dem Durchschnitt entsprechen.

Da es aber eh so wenige große Männer gibt und von diesen wenigen auch noch ein Großteil ausfällt, weil sie einer kleinen Kröte auf den Leim gegangen sind, bleibt zum Schluß nur noch eine Hand voll übrig. Stellt sich die Frage, ob es denn unbedingt ein großer Mann sein muß? Ja, es muß, weil die Erfahrung gelehrt hatte, dass kleine Jungs auf Feten zwar gerne mit mir knutschten – auch durchaus wiederholt – aber als richtige Freundin?

„Ne, Katharina! Du bist viel zu groß!", war dann ihre Begründung.

Kleine und kleinere Männer, die sich eine große Frau wünschen, tun das aus einem bestimmten Bedürfnis heraus, das ich nicht gewillt bin zu befriedigen.

„Komm Kleiner! Komm bei Mutti an 'ne Hand!"

Schauderhaft! Damit kann ich nicht um.

Auch mußte ich mir vor nicht allzu langer Zeit den Vorwurf einer Freundin gefallen lassen, die da meinte, dass mein Problem mit dem großen Mann hausgemacht sei. Wäre ich offen für einen kleinen Mann – ich hätte viel mehr Chancen.

Stimmt wohl. Will ich aber nicht. Fühle ich mich unwohl. Außerdem ist mir noch kein Kleiner begegnet, bei dem es auch nur annähernd gefunkt hätte. Was soll's!

Es hat sich sogar mal eine kleine Frau bei mir entschuldigt dafür, dass sie sich einen großen Mann geangelt hatte. Da war ich doch beeindruckt.

Der Größenunterschied ist im Wechsel der Generationen nicht mehr so wichtig. Heutzutage kann man des öfteren junge Paare sehen, bei denen die Frau wesentlich größer ist als der Mann.

Zu meinen Dilemma damals kam noch die Problematik der erworbenen Fachhochschulreife und einer exklusiven Wirtschaftsausbildung. Ich war nicht nur zu groß, ich war auch zu schlau und zu gebildet. Die einfachen großen Jungs fanden mich zwar toll, konnten aber nicht damit umgehen, dass ich nach Ende meiner Ausbildung mehr Geld würde mit nach Hause bringen als sie.

Und so suchte ich dann unter den Studierenden nach einem passenden Partner, fand den Ex, der nur zwei Zentimeter größer war als ich, und war glücklich. Einige Jahre.

Selbst bei teuren Singlebörsen, die mit Elite und Pipapo werben, bin ich ein Exot. Auch hier zeigte sich ein mal mehr, je größer der Mann, desto weniger Profile. Da mußte ich die Kilometerzahl im Filter um einiges nach oben korrigieren, damit ich überhaupt eine Hand voll angezeigt bekam. Enttäuscht über den rüden Umgangston und den Eindruck, dass es sich doch nur um eine nach außen hin gut dekorierte Sex-Seite handelte, kündigte ich gleich nach der ersten Woche. Das Niveau, mit dem geworben wurde, war für mich fraglich.

Mein Beuteschema änderte sich nach dem zweiten festen Freund, den ich hatte. Waren bis dahin große, dünne Männer mein Ziel – Vati war da das klassische Vorbild – mußten es nun die Brecher sein.

Grund war ein Foto von mir und meinem zweiten festen Freund. Ein Schnappschuß, den jemand gemacht hatte, als mich mein Freund nach einer Urlaubsreise vom Bus abholte. Von ihm war nur der Kopf zu sehen, der Rest seines Körpers wurde von meinem verdeckt. Ich war damals gut bei Schick. Das Foto fand ich so schrecklich, mußte ich doch gleich an die Großeltern einer Freundin denken, die in der Familie zur besseren Unterscheidung mit Oma-Dicki und Opa-Dünni tituliert wurden.

Der Ex war also ein Schrank. Solange er noch fünf mal die Woche trainieren ging, fand ich ihn richtig lecker. Das änderte sich aber grundlegend mit Aufnahme seines Jobs. Keine Zeit, kein Sport, viel gutes Essen und Trinken. Der Zeiger der Wage kannte nur eine Richtung.

Ich wollte immer einen großen Mann, zu dem ich aufblicken kann, bei dem ich trotz Größe auch klein sein darf. Für den kleine Liebesbeweise in der Öffentlichkeit ganz normal sind. Der mich liebt wie ich bin und mich ermutigt meine Weiblichkeit zu zeigen und zu leben. Ein Mann mit Humor und Wortwitz, der mit beiden Beinen fest im Leben steht.

Heute habe ich ihn. Er ist fast zwei Meter groß, durch sein Handwerk körperlich fit. Das Intellektuelle hat er an den Nagel gehängt, denn Geld macht nicht glücklich. Lieber leben wir von unserer Hände Arbeit, mit schmalen Finanzen, dafür aber zufrieden und fidel.

Zipperchen und andere Gebrechen

Es fing schon irgendwie im Mutterbauch an. Ich wurde mit Hackenfüßen geboren, die wochenlang eingegipst wurden.

Als Kind mußte ich Einlagen tragen. Was waren die orthopädischen Schuhe damals häßlich. Allen voran die Sandalen. Es nutzte nichts, sie wurden getragen und Fußgymnastik wurde täglich betrieben. Mutti war da streng.

In der vierten Klasse kam im Sportunterricht der Amtsarzt zur Begutachtung vorbei. Ich stellte mich besonders gerade hin und wurde doch glatt weg als hohlkreuzverdächtig eingestuft und durfte am zusätzlichen Sportunterricht zur Vorbeugung und Behebung von Körperschäden teilnehmen. Das kam für mich der Einordnung zum Spasti gleich. Behindertensport.

Sport war verabscheuenswert. An erster Stelle Schulsport und die damit verbundene Leichtathletik.

Wettbewerb? Was sollte das? Wozu? Warum war es wichtig, dass ich schneller lief als Susanne?

Weiter sprang als Kerstin? Noch heute höre ich meine Sportlehrerin, die neben der Aschenbahn stand und die Zeit nahm, schreien:

„Lauf, Katharina! LAUF! Du hast doch so lange Beine!"

Jedes Jahr heulte ich vor den Bundesjugendspielen. Mutti blieb hart. Es gab kein Entschuldigungsschreiben von ihr. Ich mußte gehen und teilnehmen. Es gab auch jedes Jahr nur eine Urkunde mit „teilgenommen".

Damals haben sich weder meine Eltern noch meine Lehrer gefragt, ob es vielleicht noch andere Einschränkungen neben meiner sportlichen Unlust gegeben haben könnte. Aber das wäre wahrscheinlich auch egal gewesen, denn ich war ja zum Durchhalten erzogen worden. Ich hätte geschwiegen und nichts gesagt getreu Muttis Spruch:

„Kind, stell dich nicht so an!"

Laufen war unangenehm, tat weh. Als erstes in den Fußgelenken, dann in den Knien und als letztes im Genick. Jeder Aufprall, der beim Laufen automatisch erfolgt, zieht eine Erschütterung durch den ganzen Körper nach sich. Aus Eigenschutz folgt dann Schmerzvermeidung, gar nicht laufen oder nur langsam laufen.

Wachsen tut weh. Wachsen plus Bewegung tut weh. Ich wurde zum Bewegungsmuffel, der schon früh Krankengymnastikspezialist für Rückenübungen wurde. Mit 16 ging ich zur Massage, damit die Schmerzen erträglich waren, ging schwimmen, obwohl ich den Chlorgeruch, der sich in meine Haut gefressen hatte und trotz mehrmaligen Duschens nicht weichen wollte, ekelig fand.

Jahrelange Detektivarbeit und eine Odyssee durch eine Vielfalt an ärztlichen Fachgebieten nebst Besuchen hat mich zu dem Schluß kommen lassen, dass ich wohl krank bin, obwohl ich nicht so aussehe und fast alle ärztlichen Untersuchungen ohne Befund sind. Meist fühle ich mich durchaus lebendig.

Ich gehöre zu dem Marfan Phänotyp. Feingliedrig und grazil wie ein italienisches Windspiel – verfüge ich über lange, filigrane Extremitäten und eine ausgeprägte Bandlaxität, wie der Fachmann so schön sagt.

Hypermobilität ist die Folge von meinem degenerierten Bindegewebe, wohl eine Genmutation. Das Ehlers-Danlos-Syndrom liegt nahe und nach Klassifikation von Villefranche bin ich ein hypermobiler Typ.

Außerdem bin ich ein Pyrolliker, leide an KPU/HPU, eine Stoffwechselstörung, die noch ihr Scherflein dazu beiträgt. Die Symptome sind mannigfaltig und bei den jeweiligen Krankheitsbildern zu finden.

Bei mir sind es folgende Merkmale: Kurzsichtigkeit, Netzhautablösung, Hochwuchs, Skoliose, Muskelhytrophie. Mein Körper ist an den Oberschenkeln, Brüsten und Hüften überzogen von Dehnungsstreifen. Eine instabile Halswirbelsäule besitze ich auch. Meine Augenringe sind durchaus bewunderungswürdig, sehe ich doch an manchen Tagen aus wie ein Panda. Ich habe keine Erinnerung an meine Träume und ein durchaus schlechtes Erinnerungsvermögen generell. Oftmals schlafe ich schlecht. Verdauungsbeschwerden sind mir wohl bekannt.

Medikamentenunverträglichkeit gesellt sich obendrein noch dazu. Schmerzmittel – egal ob ASS, Diclofenac, Ibuprofen oder Naproxen – nichts hilft bei mir. Sie machen mich höchstens besoffen und verursachen Magenschmerzen. Links-Rechts-Unterscheidungsschwierigkeiten, Konzentrationsschwierigkeiten, Stimmungsschwankungen und Hautprobleme sind gute Bekannte.

Körperlich völlig heruntergekommen und ausgelutscht war ich dann nach der Geburt meines zweiten Sohnes. Nicht im Stande ihn aus seinem

Bettchen zu heben, weil ich das Gefühl hatte, dass mir gleich das Kreuz auseinanderbrechen würde, kniete ich vor ihm, schaufelte mir den Zwerg auf die Arme und versuchte dann wieder in die Senkrechte zu kommen.

Streß ist für mich tödlich. Zwei Schwangerschaften innerhalb von 15 Monaten plus meine Erkrankungen, von denen ich damals nichts wußte, hatten mich zu einem körperlichen Wrack werden lassen.

Schusters Kinder haben dem Volksmund nach die schlechtesten Schuhe. Meine Eltern waren im Austeilen von Tabletten immer sehr zurückhaltend, zumal Schmerzmedikamente für Kinder damals sicherlich noch nicht so zu haben waren wie heute.

Migräneartige Kopfschmerzen hatte ich schon als Kind, inklusive rückwärts essen. Als junge Frau kamen noch Sehstörungen dazu. In der orthopädischen Praxis wurde meinem Kopf ein Ledergeschirr verpaßt. Gezäumt wie ein Pferd wurde ich dann mit Schnüren an der Decke verspannt um so eine Entlastung der Halswirbelsäule zu erreichen; zwei bis drei mal die Woche. Damals war ich noch nicht einmal Mitte zwanzig.

Mein Jüngster konnte noch nicht laufen, da hatte ich Kopfschmerzattacken von der feinsten Art wenigstens alle drei Tage. Vorzugsweise hinter und unter dem rechten Auge.

Um eine Trigeminusneuralgie auszuschließen, konsultierte ich einen Neurologen. Ohne Befund wurde ich an den Zahnarzt verwiesen, da ich in dem Jahr davor mir hatte einen Zahn ziehen lassen. Der Oberkieferknochen war aber gut zugewachsen, laut den Bildern aus der Röhre, so dass ich weiter zog zum HNO. Der stellte eine ungenügende Belüftung der Nasennebenhöhle fest, und ich erhielt einen Termin für eine OP. Als ich mich danach wieder bei ihm vorstellte, bot er mir eine weitere OP an, weil er mit dem Ergebnis nicht zufrieden war. Ich lehnte dankend ab und verbrachte Stunden beim Orthopäden im überfüllten Wartezimmer mit Kleinkind und Baby. Das Ergebnis seines Befundes wußte ich schon bevor ich überhaupt den Termin bei ihm in der Tasche hatte: Verspannungen im HWS Bereich – zehn mal Krankengymnastik war die Folge. Ach ja, beim Augenarzt war ich auch noch. Ohne Befund.

Ich war also, abgesehen von den Verspannungen im HWS Bereich, total gesund, obwohl ich vor Schmerzen nicht aus den Augen gucken konnte.

Wirklich Linderung verschaffte mir der Osteopath. Den durfte ich auch selbst bezahlen. Der Ex knirschte mit den Zähnen. Wieder Kosten, die aus dem privaten Säckel gezahlt werden mußten.

Um mit diesen Schmerzen besser umgehen zu können, fing ich an ein Migräne-Tagebuch zu führen. Ich kenne nun meine Trigger, allen voran der Streß und Geschmacksverstärker. Asiaten meide ich, oder aber es muß mir sehr gut gehen, dass ich dort essen gehe.

Druck auf den Atlas kann auch ein Auslöser sein. Ein Muß ist die tägliche Ration an Kaffee.

Da selbst Migränemedikamente nicht helfen, fing ich an nach Alternativen zu suchen. Mehr oder weniger gut funktioniert Salz mit Zitronensaft und Koffein. Mittlerweile füge ich dieser Mischung noch einen Teelöffel Imkerhonig hinzu. Schmeckt seltsam, aber im Magen ist's duster. Es muß ja nur helfen!

Als ich vor Jahren meinen Hausarzt, der gleichzeitig bei uns auf dem Lande auch als Kinderarzt fungierte, von meinen Befürchtungen an KPU zu leiden erzählte, sagte er:

„Noch nie gehört. Ist ja interessant. Reduzieren sie den Streß, stellen sie die Ernährung um und machen sie Yoga. Wir sollten uns später noch einmal darüber unterhalten. Dann erzählen sie mir mal, was daraus geworden ist."

Verkackt! Ich wollte Hilfe und wurde mit einer fahrigen Handbewegung entlassen. Ärzte lassen sich ungern erzählen, was der Patient hat. Dann nämlich nimmt man ihnen den Erfolg weg, der dem Herrn Doktor ja zu steht. Schließlich ist er ja der Arzt.

Ich hasse sie alle!

Gut, dachte ich mir, wenn er nicht will, irgendwo finde ich schon einen Spezialisten. Die mußte man vor 20 Jahren allerdings suchen wie die bekannte Nadel im Heuhaufen. Der meinem damaligen Heimatort am nächsten zu erreichende hatte seine Praxis nur 100 km entfernt, und da KPU ja nur eine Störung und keine Krankheit ist, übernehmen die Krankenkassen auch nicht die Kosten.

Der Ex war privat versichert, aber der Rest der Familie gesetzlich. Das hatten wir mal so entschieden – aus finanztechnischen Gründen. Als er von den Kosten für Annamnese und Labor hörte, verzog er sein Gesicht schmerzlich.

„Tut das denn Not?", fragte er.

Um Zeit zu gewinnen, die Finanzen nicht über Gebühr zu strapazieren und um dem ganzen Aufwand einen Babysitter organisieren zu müssen zu entgehen, verzichtete ich auf einen Besuch und machte anstelle dessen nur einen Urintest. Den kann man auch zu Hause machen und dann an das Labor schicken. dass die Werte für Zink, Mangan und B6 schlecht sein würden, damit hatte ich gerechnet. Aber nicht mit dieser Unterirdischkeit.

Dr. Bodo Kuklinski – KPU Spezialist - sagt:

»Gesundheit wird in der Zelle gemacht. Im kleinsten chemischen Labor unseres Körpers müssen bestimmte Substanzen vorhanden sein, dass wir Menschen funktionieren können, dass wir auf den Ebenen Körper, Seele und Geist gesund sind. Hier ist alles abhängig von der richtigen Zusammensetzung. Der Pyrroliker verliert Vitamin B6 und Zink durch den Urin.

Unser Körper ist normalerweise in der Lage, alle Reparaturvorgänge bei dem Eindringen von Schadstoffen, Viren oder Bakterien selbst zu leisten. Nicht so der Pyrroliker. Er leidet von Geburt an lebenslang an einem chronischen Vitamin B6 und Zinkdefizit, das er nicht durch eine normale, gesunde Mischernährung ausgleichen kann. Die Folgen können unbemerkt bleiben, so lange diese Personen schadstoffarm leben, arbeiten und sich einigermaßen naturbelassen ernähren können, sowie unter keinen starken psychischen und körperlichen Belastungen oder Stress stehen. Die heutigen Lebensumstände, Ernährungsgewohnheiten und Schadstofffaktoren sind Risikofaktoren, die zur Demaskierung der Pyrrolurie führen«. [1]

Schadstoffarm leben und den Körper bei der Entgiftung so gut es geht unterstützen. Das mußte ich erst lernen. KPU ist bildlich gesprochen so wie der Müllnotstand in Neapel. Man kann damit leben – mehr schlecht als recht. Aber es geht auch besser. Und so fing ich an zu substituieren. Eine Eisen-Kur vierteljährlich gehört auch dazu, weil ich zu viel dieses lebenswichtigen Spurenelements während meiner Blutung verliere.

Streß hatte ich damals nicht – war ich der Meinung. Brauchte ich dann ja auch nicht zu reduzieren. Ich hatte lediglich viel um die Ohren. Nur irgendwann kam die Zeit, wo ich morgens stundenlang auf dem Sofa saß, unfähig mich zu rühren. Die Jungs hatte ich aus dem Bett und Haus getrieben, zur Schule gejagt. Die Zeit bis zum Mittagessen konzentrierte ich mich auf meine bloße Existenz. Die blutige Gastritis, die ich seit Jahren hatte, wollte nicht weichen. In den Knien hatte ich gefühlt heißen Sand, konnte sie kaum beugen. Das galt auch für die Bandscheiben im Rücken.

Trial und Error, das war das Rezept, nach dem ich anfing zu arbeiten.

Ein desaströses Bindegewebe und viel zu weiche Bänder und Sehnen. Hypermobilität ist eine vererbbare Funktionsstörung des Bindegewebes. Hatte ich die schlechten Augen von Vati – das Bindegewebe hatte ich von Mutti.

Brücke, Flick Flack oder Spagat waren eine meiner leichtesten Übungen. dass andere sich das hart erarbeiten mußten stimmte mich Wunder. Ich konnte das einfach so, brauchte mich nicht einmal aufzuwärmen. Die Haut meines Handrückens konnte ich so weit hoch ziehen, dass es aussah als hätte ich den Rückenschild eines Spinosaurus implantiert. Den Daumen konnte ich mühelos an den Arm anlegen, umgekehrtes Namaskarzeichen und Fingerspagat oder Fingerschnecke war auch immer lustig.

Diese Art von Überbeweglichkeit sind wir von Tänzern und Akrobaten gewöhnt. Obwohl sie abnorm ist, wird sie als solche nicht erkannt. Steifheit wird in der Physiotherapie behandelt aber nicht Hypermobilität.

Hinzu kommt noch ein schwacher Muskeltonus – vor allem in den Armen. Als Kind fiel ich im Sportunterricht in den Barren, weil ich mich nicht im Stütz halten konnte. Mit einer Brustbeinzerrung saß ich dann stundenlang mit Mutti in der Notaufnahme im Krankenhaus.

Aufschwung am Reck war mir unmöglich. Ringe? Die Dinger konnte ich nicht ausstehen. An der Stange nach oben klettern, affenartig wie die anderen? Mir nicht möglich. Mutti ging mit mir auf den Spielplatz um Aufschwung zu üben. Naß wie ein Sack plumpste ich jedes Mal in den Sand.

Bei manchen verliert sich die Überbeweglichkeit, manchem bleibt sie erhalten. Der Eine kann besser kompensieren als der Andere. Schnelle Bewegungswechsel, hartes Stoppen, große körperliche Anstrengungen machen mich fertig - im Nachhinein. Meine Regenerationsphasen sind lang. Tanzen, Ballett und Yoga sind gute Sportarten für mich. Badminton, Squash, Volleyball und Basketball habe ich zwar gespielt aber ungern. Es war mir zu anstrengend. Hatten andere nach dem Sport ein tolles Körpergefühl, so fühlte ich mich wie erschlagen.

Ich unterzog mich einer Atlaskorrektur – trug die Kosten selber, da es sich nicht um eine Kassenleistung handelte - trug mit 40+ jahrelang eine maßgefertigte Aufbißschiene 24/7. Nur zum Essen nahm ich sie raus. Auch hier trug ich die Kosten selber. Interessant sind die Zusammenhänge von Kiefer und Atlas.

Alles, was mich auf dem Weg zu meiner Gesundheit ein Stück näher brachte, war ich gewillt zu unternehmen.

Streß sind für mich auch große Menschenansammlungen. Sie sind für mich äußerst unangenehm. Es ist mir zu laut, zu voll, die persönliche Distanz zu oft unterschritten. Bei Betriebsfeierlichkeiten jeglicher Art war ich immer die Erste, die sofort nach dem offiziellen Teil verschwunden war. Ich habe dann „Leutekater", bin gerne für mich allein, was mich durchaus zu einem Sonderling macht. Aber damit kann ich gut leben.

Körperlich ging es mir immer dann einigermaßen gut, wenn ich sportlich viel tat. Dann hielten sich die Schmerzen und Migräne in Grenzen. Es gibt aber auch oft genug Phasen im Leben, wo körperliche Ertüchtigung andern Dingen weichen muß, weil der Vermieter sein Geld haben möchte und der Kühlschrank Inhalt braucht. Das zu erkennen und das richtige Maß zu finden dauerte lange.

Für diese Erkenntnis brauchte ich leider mehr als 40 Jahre.

Die Schraube zurück drehen. Langsamer laufen im Hamsterrad.

Bevor ich von dem Leben konnte, was mir wirklich Spaß machte und zu dem ich mich berufen fühlte, mußte ich mein Arbeitsumfeld ändern. Vom Vorzimmer des Chefs zurück zum Backoffice mit 25 Wochenstunden. Finanziell mußte gerade so viel reinkommen, wie ich zum Leben brauchte. Auch Arbeitslosigkeit nahm ich dafür in Kauf. Das bescherte mir unter anderem viel Zeit für mich. Zeit für Gesundheitspflege, Training und zu guter Letzt auch für Handwerk, Blog, Bücher und Fotografie.

Herren in weiß

„**E**ine Stunde beim Orthopäden müssen sie immer rechnen", sagte das kleine Mäuschen hinter der Anmeldung zu der alten Dame und legte wissend den Kopf schief, als würde sie einem kleinen Kind etwas erklären. Der schwarze String, den sie trug, schimmerte durch den dünnen Stoff ihrer weißen Hose. Das Corporate Identity Shirt der Praxis war ungebügelt. Und als sie sich an der Hüfte kratzte, konnte ich ein überdimensionales Arschgeweih ausmachen.

Erstaunt rechnete ich zurück. Waren schon 20 Jahre vorüber und die Dinger wieder modern?

Müde lehnte ich mich an die Wand. Im Wartezimmer war kein Stuhl mehr frei. Ich war pünktlich, wie so oft bei solchen Terminen. Der Doktor war es selten. Früher hatte ich bei solchen Fällen immer einen Hals wie eine Keksdose. Hätte mir mal als Assistenz passieren sollen solche Fehlplanungen in der Zeit. Nach den Gründen gefragt, bekommt man oft den Notfall zu hören.

Heute weiß ich es besser. Eingeweihte haben es mir verraten. Der Herr Doktor hält noch ein kleines Nickerchen, spielt Mahjong oder guckt kurze Filmchen zweifelhafter Art.

Arzttermine sind widerlich. Leider sind sie nicht immer unumgänglich. Heute wollte ich nur ein Rezept für Einlagen abholen. Ich wartete trotz Termin brav meine Stunde im Gang, und dann noch Mal zehn Minuten im vorderen Wartebereich, um selbst im Behandlungszimmer nochmals 15 Minuten die Zeit tot zu schlagen.

Summa sumarum 85 Minuten. Böswilliger weise unterhielt ich mich selber mit Gedankenspielen. Bei dieser Art von Terminwahrnehmung könnte man zwei am Tag schaffen. Drei wären schon Stress, welchen es zu vermeiden gilt.

Als Herr Doktor endlich erschien, ging bei mir schon wieder der Buzzer los. Geschätzte 1,98 m, bestückt mit ungefähr 150 kg schoben sich durch die Tür. Antje das Walroß vom NDR in männlicher Form nahm mir gegenüber Platz. Er roch nach frischem Rauch.

Die Situation erschien mir aberwitzig, lag doch auf seinem Schreibtisch eine kleine in Plastik eingeschweißte Tabelle mit entsprechender Kurve, auf der der BMI abzulesen war. Adipositas Grad II. Von diesem fetten Schwabbel mußte sich dann der

Patient sagen lassen er sei fettleibig? Für mich verkehrte Welt.

Aber das war ja nicht der Grund meines Erscheinens. Nach der kurzen Begrüßung schaute er auf meine Füße, während die Arzthelferin fleißig die Tastatur bearbeitete.

„Einlagen wollen Sie?", fragte er.

Ich bejahte.

„Sie haben einen beidseitigen Hohl-Spreizfuß. Wissen Sie das?"

Ich bejahte noch einmal. Ich trage seit meiner frühesten Kindheit Einlagen. Die Fehlstellung meiner Füße ist mir schon seit Jahrzehnten bekannt.

Es folgte das übliche Blabla und die Verabschiedung. In weniger als fünf Minuten hatte er mich abgehandelt, meine Füße kurz begutachtet, noch nicht einmal abgetastet. Hätte ich nicht schon eine Viertelstunde auf ihn in seinem Behandlungszimmer gewartet, die Zeit hätte nicht ausgereicht das Polster meines Stuhles auf Körpertemperatur zu bringen. Schon war ich entlassen.

Der letzte Termin, den ich beim Augenarzt wegen einer Bindehautentzündung verbrachte, verlief ähnlich.

Eigentlich hatte ich noch vor im Anschluß an den Termin zum Schuster zu gehen und meine Rezepte dort in Auftrag zu geben. Aber als ich endlich fertig war, hatte der Schuster Mittagspause. Also fuhr ich nach Hause und später noch einmal los.

Zum Glück war ich gerade arbeitssuchend und konnte mir meine Zeit frei einteilen.

Ich verabscheue zu tiefst die Herren in weiß. 95 % von ihnen, nein 98 % sind Fachidioten, die völlig weltfremd in ihrem Wolkenkuckucksheim leben. Auf dem Schild steht dann meist Praxis Dr. Tod oder Ähnliches zu lesen mitsamt Sprechstundenzeiten. Die Scheuklappen sind bestens angepaßt und verhindern so den Blick nach rechts oder links, geschweige denn den über den Tellerrand. Zwei Ärzte machen hier eine Ausnahme. Es sind zwei Zahnärzte.

Gut erinnern kann ich mich noch an einen Hautarzt, den ich wegen Akne aufsuchte. Nach dem allgemeinen Geplänkel empfahl er mir eine Creme auf Kortisonbasis. Er merkte wohl an meinem Gesichtsausdruck, dass ich alles andere als begeistert war.

„Die wirkt nur oberflächlich! Die geht nicht in den Körper rein", wiegelte er ab.

Für wie grenzdebil halten einen die Mitglieder dieser Berufsgruppe? Mein Hirn gebe ich doch nicht vorne an der Anmeldung bei seinen Lieschen ab! Hammer!

Ganz besonders delikat wurde die Bekanntschaft mit einem Neurologen, an den ich vom Orthopäden überwiesen wurde, welchen ich aufgesucht hatte aufgrund von Schmerzen in der rechten Schulter und im BWS-Bereich. Zu meinem Erstaunen sagte dieser mir, dass das nicht seine Baustelle sei. Ich hätte eine scapula alata. Da es sich hier um eine Nervensache handelte, sei der Neurologe die richtige Adresse.

Scapula alata - Umgangssprachlich als Engelsflügel bekannt. Das Schulterblatt klappt aufgrund einer Irritation des Nervus thoracicus longus vom Brustkorb ab. Sieht nach einer gruseligen Mutation aus. Der Rest des Werwolfes entwickelt sich dann später.

Erst einmal mußte ich über acht Wochen auf den Termin warten – Neurologen sind ja so beschäftigt - und dann die obligatorische Zeit im Wartezimmer absitzen. Sein Behandlungszimmer erinnerte an eine alte, englische Bibliothek mit dunklen Vollholzregalen und dem dazu passenden Schreibtisch. Schick im Altbau gelegen mit hohen Decken,

Stuck und großen Fenstern in einem noblen Geschäftsviertel der großen Stadt.

„Dann machen Sie sich mal frei. Den BH bitte auch ausziehen! Und stellen sich mal hin."

Ich tat wie geheißen und entblößte meinen Oberkörper.

„Hm, ... tja ...", sagte er während er meinen Rücken und das Schulterblatt in Augenschein nahm. Ein Vortrag über den entsprechenden Nerv, wie es zu einer scapula alata kommt, nebst Wetteraussichten für den Tag bekam ich dann von ihm zu hören.

Aus seiner Bibliothek zog er einige Bücher um mir Zeichnungen zu zeigen.

„Schauen Sie mal! So sieht das bei Ihnen aus!"

Das war mir ziemlich egal; ich fror mittlerweile, was auch deutlich an meinen Brustwarzen abzulesen war. Jedes Mal, wenn ich Anstalten machte mich wieder anzuziehen, kamen Einwände von ihm.

„Warten Sie noch!"

Er stellte sich seitlich um vermeintlicher weise die vom Körper abspringende, rechte Schulter besser zu betrachten. Sein Blick ging aber nach vorne! Ruckartig riß ich mich von ihm los – er hatte seine Hand auf meine linke Schulter gelegt.

Das Ende vom Lied war der Hohn auf Socken! Ich bekam von ihm eine Überweisung an einen Kollegen, weil er technisch nicht ausgestattet war. Ihm fehlte die Maschine um Nervenimpulse zu messen!

Nicht schon schlimm genug, dass ich als simpler Kassenpatient auf den Termin bei seinem Kollegen zwölf Wochen warten mußte. Nein, ich mußte mir auch den Vorwurf gefallen lassen, ich hätte viel zu lange gewartet. Vom Ausbruch der Krankheit bis zu dem Tag des zweiten Termins waren mittlerweile an die zwanzig Wochen vergangen.

„Da brauchen wir nix mehr zu messen! Der Nerv ist tot!"

O-Ton Dr. Ableben.

Alle in einen Sack und mit einem dicken Knüppel drauf hauen. Es trifft immer den Richtigen!

Gesundheit

Allgemeinmedizin

Großes Thema und dabei so einfach! Es war nur etwas schwierig das zu erkennen und dahin zu kommen, wo ich heute bin. Askese ist geil! Das steht seit einiger Zeit auf meiner Fahne, denn der menschliche Körper ist nicht für ein Leben im Überfluß geschaffen worden. Im Gegenteil. Mutter Natur hat es so eingerichtet, dass wir längere Zeit mit einem durchaus mäßigem Angebot gut leben können.

Jeder tut immer das, wovon er überzeugt ist, dass es richtig ist. Somit bekam ich als Kind die Flasche, denn künstlich hergestellte Milch war damals das Beste, was man seinem Nachwuchs angedeihen lassen konnte.

Mir wurden als Kind die Mandeln entfernt, gängige Praxis damals. Heute fehlen sie mir.

Die Schulmedizin ist die Bibel meiner Eltern und ich heute der Ketzer. Jahrelang habe ich meinen Eltern verheimlicht, dass ich mit den Kindern zu einem homöopathischen Kinderarzt ging. Die Abkehr von der Schulmedizin verlief langsam aber stetig. Mit der Homöopathie fing es an, Kräuterkunde, Schüssler, alte Heilmittel und TCM. Allen voran Hippokrates Hinweis auf die Nahrung und die in ihr liegende Heilung.

Ernährung

Als ich vor nicht ganz zwanzig Jahren anfing mich mit der KPU/HPU auseinander zu setzen, änderte sich zum ersten Mal mein Gesundheitszustand nachhaltig. Schon lange probierte ich an anderen Ernährungsformen, jedoch waren die Erfolge nicht so wie gewünscht. Kurzzeitig ging es mir besser, um danach wieder wesentlich schlechter da zu stehen. Von Körnerfressern hielt ich nicht viel, versuchte aber trotzdem mich mit dem Frischkornbrei anzufreunden. Ohne Erfolg. Basische Ernährung – Hymnen des Lobes wurden darauf im Bekanntenkreis gesungen - verursachten bei mir schmerzhafte Blähungen aufgrund des hohen Kohlehydratanteils aus stärkehaltigen Nahrungsmitteln. Von selbstgemachtem Kefir und Joghurt bekam ich Magenschmerzen und fette Eiterbeulen am Hals.

War ich glücklich, als ich die Ernährungsform, die Dr. Nicolai Worm propagiert, entdeckte. Weiter ging es mit den grünen Smoothies und Lubrikatoren (püriertes Obst mit Kokosöl und rohen Eiern). Die Jungs nannten das Zeug grünen Popelsaft. Je nach Zutaten und Konsistenz ist diese Assoziation durchaus nachvollziehbar.

„Mein Gott, Kind!"

Muttis hysterischer Aufschrei ist mir noch heute in den Ohren. Rohe Eier! Täglich! dass ich nicht schon längst einer Salmonellenvergiftung erlegen war, grenzte an ein Wunder.

In Vergessenheit geraten mit der Zeit alte Hausmittelchen. Opi hatte sich täglich um elf ein rohes Ei in sein Glas Rotwein gerührt – zur Stärkung. Darüber hat sich nie jemand aufgeregt.

Ich ließ mir sogar von einem Astronomen meine Ernährungsform berechnen. Wer heilt, hat Recht. Alles probierte ich aus. So tauschte ich den schwarzen Tee wieder gegen meinen geliebten Kaffee. Und auch der Rotwein gesellte sie wieder auf meine Getränkeliste.

Die Dosis macht das Gift! Falsch! Das Gift macht das Gift. Die Dosis sagt nur etwas über den Grad der Vergiftung aus.

Da mein Körper aufgrund der KPU Schwierigkeiten hat zu entgiften, wähle ich meine Nahrung mit Bedacht und entziehe mich soweit ich kann dem Gießkannenprinzip, nach dem in unserem Lande verfahren wird. Fluorid und Jod überall. Ein mal im Körper drin, bekommt man es schwer wieder heraus. Im Trinkwasser, in der Zahnpasta, im Brot, Aufschnitt, Konserven, etc.

Stundenlang stehe ich im Supermarkt und lese Packungsangaben. Wer hier meint, er könne dem entgehen, in dem er beim Fleischer seines Vertrauens einkauft, der möchte doch dort einmal nach den Inhaltsstoffen fragen. Aus Kostengründen wird schon lange nicht mehr selber produziert sondern beim Großhändler die Ware bezogen.

Das, was für das Essen gilt, gilt auch für Kosmetik. Im ersten Job war ich so gestreßt, dass mein Körper mit Neurodermitis reagierte. Ich brauchte medizinische Deos aus der Apotheke. Sonnenallergie kam später noch hinzu.

In der Einfachheit liegt der Schlüssel. Über die Jahre kam peu à peu die Veränderung. Ich wusch mich mit Natron, badete in Natron. Machte mir mein Deo, Zahnpaste und Seife selber, experimentierte mit Heilerde für die Haare.

Ich bin ein regelrechter Öko geworden.

Jeden, der mir was von dem natürlichen Säureschutzmantel der Haut erzählt, belächele ich milde. Was für ein Quatsch – genauso gut könnte ich glauben, die Erde sei eine Scheibe. (Man erinnere sich bitte an Osmose-Experimente in der fünften und sechsten Klasse im Physikunterricht.) Wenn es uns gut geht, hat unser Blut einen pH-Wert von 7,3 – also basisch.

Aber, dieses Wissen habe ich mir über lange Zeit erarbeitet. Genauso wie das Wissen darüber, dass der Mensch kein Vogel ist, nicht wahr? Und trotzdem wird der Anteil der Getreideprodukte in unserer Nahrung immer größer. Soll ja so gesund sein. Vollkorn und so ...

Ketogene Diät heißt für mich das Wundermittel. Paleo setzt das ganz geschmackvoll um. Es gibt essentielle Eiweiße und essentielle Fette. Aber, es gibt k e i n e essentiellen Kohlenhydrate!

Mein Kohlenhydratanteil aus stärkehaltigen Lebensmitteln liegt bei knapp 50 g täglich. Damit kann ich ganz gut leben. Diese Ernährungsform bleibt mir für den Rest meines Lebens erhalten, will ich einigermaßen Lebensqualität für mich in Anspruch nehmen.

Brot, Brötchen, Nudeln, Kartoffeln, Reis und sonstiges habe ich aus meiner Küche verbannt. Zucker gehört auch dazu.

„Aber Kind, was bleibt da denn noch?", fragte Mutti entsetzt.

Fleisch, Fisch, Eier, Gemüse, Nüsse und Samen, Öle und Obst.

Der Körper sagt einem, was er braucht. Man muß nur auf ihn hören. Als Kind klappt das noch ganz gut, wenn man darf. Matthias, mein kleiner Bruder, und ich durften nicht. Fleisch war bei uns auf dem Tisch nur Beilage. Durchaus verständlich bei einer vom Hunger geprägten Nachkriegsgeneration, die zur Sparsamkeit erzogen wurde.

„Wenn du noch ein Stück Fleisch haben möchtest, Matthias, dann mußt du vorher erst noch vom Gemüse nehmen!", so sagte Vati.

Matthias saß da mit Tränen in den Augen. Ganz still. Er mochte kein Grünzeug und durfte deshalb kein Fleisch essen, was ihm schmeckte und sein Körper ihm auch signalisierte. Mir schmeckte Gemüse, ich nahm noch eine Portion und so durfte ich auch noch einmal beim Braten zulangen.

Fett und Eiweiß machen satt. Fett mochte ich schon immer. Omi kam sogar auf die Straße heraus um mir von dem Fett zu bringen, dass Opi beim Kasen des Schinkens ausgesondert hatte. Anstelle der obligatorischen Tüte Gelatinefiguren brachte

Opi mir mal ausgelassene Walnüsse mit. Das kleine Tütchen hatte vielleicht 125 g Inhalt. Mutti war einem Nervenzusammenbruch nahe als sie feststellte, dass ich alles innerhalb weniger Minuten weggeputzt hatte. Meine Lehre zog ich daraus und versteckte ab da meine Geschenke und aß in aller Stille und Heimlichkeit.

Du bist, was du ißt. Und wer sich von Scheiße ernährt, muß sich mit den Spätfolgen arrangieren. Ganz profan!

Die Nahrungsmittelhersteller sind daran nicht ganz unschuldig. Aber es gehören ja immer zwei dazu. Die Anzahl Tütchen pro Jahr an brauner Soße, Napoli, Bolognese, Nasi und Bami Goreng, die durch Muttis Küche wanderten, beliefen sich ungefähr auf dreihundert Stück. Dafür stand immer ein warmes Essen auf dem Tisch, wenn ich aus der Schule kam.

Ich hingegen stand in meinen besten Zeiten bis zu fünf Stunden täglich in der Küche. Beschäftigt mit Nahrungsmittelzubereitung. Alles frisch – am liebsten vom Markt. Die Familie setzte sich zu Tisch und fiel wie ein Heuschreckenschwarm über die Mahlzeit her. Reste gab es bei mir so gut wie nie. Beschaffung, kochen und anschließendes Küche putzen füllten meinen Tag fast komplett aus.

Glücklich machte mich das auf Dauer aber auch nicht.

Dafür hatte ich aber eine sehr gesunde Familie. Selten, dass die Kinder krank waren.

Dank Wechseljahre stellte ich meine Ernährung nochmals um. Jeden Tag stehe ich für 1,5 Stunden in der Küche um mir für den folgenden Tag meine Mahlzeiten zuzubereiten. Oft stoisch, manchmal genervt, weil ich nicht so bin wie andere, die sich einfach schnell eine Stulle schmieren und mittags in die Kantine gehen.

Natürlich könnte ich das auch, aber dann geht es mir schlecht. Stundenlanges Aufstoßen, schmerzhafte Blähungen und dieses Gefühl der Zerschlagenheit nach dem Essen mit dem dringenden Bedürfnis nach einem doppelten Espresso sind die Symptome, die sich sofort einstellen.

Hormone

Als kleines Kind hatte ich dunkelblaue Augen und blonde Locken.

Das hat sich mit der Zeit mehr oder weniger schnell verwachsen. Ich wurde brunette. In meinem Kinderausweis stand schon damals als Augenfarbe grün-grau-blau. Heute haben sie fast die Farbe eines Granny Smith.

Wer große Eltern hat, braucht sich über großen Nachwuchs nicht zu wundern. Meine Mutter war mit 1,75 m überdurchschnittlich groß, mein Vater mit 1,96 m auch. Meine Zutaten waren wohl recht gut, und so wurde mir schon früh eine stattliche Größe vorausberechnet. dass das Zahlenmaterial, das hier zugrunde gelegt wurde, veraltet und ungenau war, hat keiner hinterfragt. Ob sich daran heute etwas geändert hat? Ich bezweifele es.

Dafür ist mir die Angst und Ungewißheit in den Foren, in denen dieses Thema diskutiert wird, zu groß. Aber das ist nur meine subjektive Meinung.

Der Kinderarzt röntgte den Handwurzelknochen und rechnete. Dann blieb das Warten auf die Regel. Die kam als Geburtstagsgeschenk zum 14. Jubeltag. Für mich eine beschämende Erfahrung.

Mein Körper hatte ein Loch, über das ich keine Gewalt hatte. Das Blut lief einfach aus mir heraus, und ich war machtlos, konnte nichts tun.

Verbunden war das Ganze mit krampfartigen Bauch- und Rückenschmerzen. Drei Tage konnte ich nicht leben und nicht sterben – jeden Monat.

Groß wie eine Kinderfaust war der Klumpen geronnenen Blutes in meiner Hose. Ich war entsetzt und angeekelt von mir selber.

„Ist nicht so schlimm, Kindchen. Das kommt schon mal vor", tröstete Mutti.

Nichts fand ich so erniedrigend wie meinen ersten Besuch beim Gyn. Mußte ich doch vor dem alten Mann mit weißem Bart die Beine breit machen und ihn in mein tiefstes Inneres blicken lassen.

Feinfühlig sind die Wenigsten von ihnen. Ich wurde mit kalten Eisen bestückt. Er drückte und quetschte an mir herum.

Das Einsetzen meiner Regel war der Startschuß für die nun folgende Hormonbehandlung, denn Hochwuchs, gilt hierzulande als behandlungsbedürftige, so er denn eine definierte Grenze überschreitet. Das wird ja im vornherein berechnet.

Die Prozedur hat letztendlich nichts gebracht – vorausberechnet waren für mich 1,86 m. Wegen des einen eingesparten Zentimeters so viel Leid und ein wohl erhöhtes Krebsrisiko!

Die Wachstumsschübe, die ich aus der Kindheit kannte, wurden nun mit Hormonspritzen und Pillen gedeckelt, die Pubertät abrupt beendet. Gefühlschaos bemächtigte sich meiner.

Stimmungsschwankungen gehören mit zu den Symptomen der KPU/HPU, sind aber auch ganz normal für die Pubertät. Von daher war alles unauffällig wie es so schön in den Befunden heißt.

Man brauchte mich nur schief anzusehen, und ich brach in Tränen aus. Mein niedriger Blutdruck machte mir zu schaffen. Durch den hohen Blutverlust während meiner Tage – ich blutete wie ein angestochenes Schwein – verabschiedete sich mein Kreislauf.

Unvermutet begab ich mich ungewollt in die Horizontale. Diese Zusammenbrüche waren mir total peinlich. Im Gedränge des Bäckerladens am Samstagmorgen oder auf der Straße, wo mich dann eine Nachbarin aus dem Blumenbeet fischte - es passierte überall.

Meine Schamlippen färbten sich dunkelbraun, was ich todhäßlich fand.

Spätfolgen? Dazu habe ich nicht sonderlich re-cherchiert. Ob die Fehlgeburt, die ich hatte, darauf zurückzuführen war – ich weiß es nicht.

Mittlerweile bin ich dazu übergegangen immer nur das abzuarbeiten, was gerade anfällt. Solange es mir gut geht, sehe ich zu, dass ich diesen Status halte.

Wenn der Mensch versucht Gott zu spielen und in die Natur eingreift, kommt nicht immer Gutes dabei heraus. Hormone ja oder nein? Eine schwere Entscheidung heute wie damals. Aber, groß wird das Mädel sowieso!

Gewinn & Verlust

In Sachen Finanzen war mir mein Ex - ein verkappter Dagobert Duck und Workaholic vor dem Herrn - Super-Controller, Zahlen-Freak und berechnender Kopfmensch, Welten voraus. In Finanzen war er ganz groß.

Bei mir zu Hause wurde nicht über Geld gesprochen. Wo sich andere profilierten mit dem, was die Eltern verdienten, mußte ich immer mit den Achseln zucken, wenn ich gefragt wurde.

„Aber dein Vater ist doch Apotheker!"

Das war korrekt, aber er sagte mir trotzdem nicht, wie viel er verdiente. Das ginge mich nämlich nichts an. Und das, was ein kleiner Apotheker im Angestelltenverhältnis mit Schichtzulage im Krankenhaus verdient, ist um einiges weniger, als der freie Apotheker mit eigener Pillendreherei in 1a Geschäftslage.

Mutti schenkte mir als Teeny mal ein Haushaltsbuch, damit ich meine Ausgaben dokumentieren konnte. Sie selber führte keines, konnte es mir somit auch nicht vorleben. Daher war das alles nur

ein netter Versuch. Es nutzt nichts einem Schüler-
lein einen Stift zu schenken. Das Schreiben muß
man ihm zeigen und mit ihm üben. Von alleine
kommt da nix.

Das, was ich also mit Geld verband, war, dass es
irgendwie wohl peinlich war darüber zu sprechen.

Keine Kostenkontrolle, keine Nachvollziehbar-
keit, keine Transparenz. Wer dann nicht in der
Schule Buchhaltung lernt und das Gelernte auf das
persönliche Leben überträgt, lebt von der Hand in
den Mund und mit der Tatsache, dass am Ende
des Geldes noch so viel Monat übrig ist.

Klassenkameradinnen, deren Eltern einen Be-
trieb hatten, gingen ganz anders mit ihrem Geld
um. Buchhaltung war ihnen praktisch mit in die
Wiege gelegt worden.

Ähnlich war es auch mit den Zielen. Das sich
meine Eltern Ziele setzten, davon bekam ich nichts
mit. Ziele wurden nicht mit mir erarbeitet sonder
von außen auferlegt. Schule, Abschluß, Ausbildung. Wichtig war das Geldverdienen, damit man
sich Wohnung, Auto und Urlaub leisten konnte.
Dafür brauchte man das Geld. - Nur Geld macht
nicht glücklich. Das lehrte mich später das Leben.

Zahlen waren für mich gruselig. Das fing schon früh in der Schule an. Ich war Mathe-doof. Mutti weigerte sich mit mir Hausaufgaben zu machen. Vati erklärte mit Engelsgeduld Mathe. Sachaufgaben - mein persönlicher Horror.

„Der Weg ist so und so", sagte er.

„Verstanden?"

Ich nickte.

„Jetzt mußt Du nur noch rechnen".

„Was muß ich denn rechnen?"

„Aber das habe ich dir doch eben erklärt!"

„Ich weiß es trotzdem nicht!"

Ich heulte.

Was noch viel schlimmer als Sachaufgaben war, war Mengenlehre. Nichts haßte ich so sehr wie die kleine, bunte Blechschachtel mit ihren roten, grünen, gelben und blauen geometrischen Plastikteilen.

Es ging aber auch anders. In Mathe habe ich auch Einsen geschrieben. Immer wenn es auf Sauberkeit und Akkuratesse ankommt, bin ich vorne mit dabei. Geometrie war für mich wie Eier backen. Buchhaltung war genau so.

Erst mit Mitte 40 fing ich an zu abstrahieren und die Regel aus Finanz- und Rechnungswesen in abgewandelter Form auf mein Leben umzumünzen.

Und so schrieb ich alle Abgänge fein säuberlich auf die Soll-Seite des Kontos, Zugänge wurden auf der Haben-Seite verbucht. Strich drunter und zusammengerechnet. Befindet sich der Saldo beim Gewinn- und Verlustkonto auf der rechten Seite, dann hat man einen Verlust erwirtschaftet, der das Eigenkapital schmälert.

Seelische Insolvenz, marode Gesundheit, eine Ehe, die nur noch auf dem Papier existierte, mürrische Teenies. So sah mein persönlicher Saldo aus.

Wie kam es dazu?

Nach Jahren, in denen ich mir immer neue Aufgaben suchte, um nicht über mich und mein Leben nachdenken zu müssen, fanden sich nun keine Ausflüchte mehr. Es ist bitter, und es tut weh, wenn man feststellt, dass man sich selbst belogen hat, obwohl die Absicht durchaus löblich war. Aber „everybodys' darling" ist ehrlich gesagt ein Scheiß-Job. Unerreichbar und mit viel zu vielen Opfern verbunden.

Nach erfolgreich bestandener Ausbildung wollte ich nach Paris gehen. Dem Ex zu Liebe blieb ich hier. Auf den schicken Sportwagen, der mir gefiel, verzichtete ich, weil der Ex ihn doof fand. Ist ja nicht so schlimm. Andere Autos haben auch vier Räder und bringen einen von A nach B. Vom Pferdekauf nahm ich Abstand, weil der Zeitaufwand für diese Tiere doch sehr hoch ist. Alleine tanzen zu gehen traute ich mich nicht, weil ich Angst hatte auf einen Tänzer zu treffen, der mit mir auf und davon tanzte. Ich hatte mein Konto aufgelöst, denn wozu brauchte eine Mutter und Hausfrau ein eigenes Konto. Die fünf Deutsche Mark für Kontoführungsgebühren konnten doch eingespart werden. Online Banking gab es damals noch nicht. Aber über eigenes Geld zu verfügen hat etwas. Und sei es nur ein kleines Taschengeld. Über Investitionen jeglicher Art ist man keinem gegenüber Rechenschaft schuldig.

Gerne hätte ich ein wenig norddeutsches Küstenflair in den Garten geholt. Den geliebten Strandkorb ließ ich beim Händler stehen.

„Wozu brauchst du einen Strandkorb? Du würdest sowieso nie darin sitzen", sagte der Ex.

Das war zum Teil richtig. Ich hatte immer viel zu tun mit einem Haus mit 300 Quadratmeter Wohnfläche, einem Garten mit 2.0000 Quadratmetern, einem halben Zoo und zwei Kindern.

Hohe Hacken hatte ich samt und sonders aussortiert, denn der Ex war ja nur zwei Zentimeter größer und stand meist nicht sehr aufrecht. Das machte ich aber aus freien Stücken, da ich persönlich ein Problem damit hatte, wenn ich größer war als der Mann.

Um seinem Bedürfnis, bloß nicht aufzufallen, nachzukommen, trug ich immer Allerwelts-Schick in gedeckten Farben.

Seit Jahren kaufte ich mir meine Geschenke selber. Der Ex hatte weder Zeit noch Lust sich über solche kleinen Freuden Gedanken zu machen. Geschenke waren nicht seins. Egal, wer bedacht werden sollte, ich kümmerte mich. Ich mache das sehr gerne und habe viel Spaß daran andere zu beschenken.

Den Nachwuchs brachte ich allein zur Welt. Er war arbeiten und kam zu uns ins Krankenhaus, wenn es sein Terminplan zuließ.

Den Geburtsvorbereitungskurs hatte ich zum grenzenlosen Erstaunen der Hebamme und der anderen Teilnehmer auch alleine absolviert.

Meistens kämpfte ich alleine. Z. B. gegen die neidischen Nachbarn, die in Eigenregie über lange

Jahre hinweg ihr Haus selber bauten. Natürlich ist es frustrierend, wenn man sich den Putz für das Haus jahrelang vom Haushaltsgeld abzwacken muß, und dann die Woche über nur von Kartoffeln lebt.

Das ist so, als wenn man mit einer Klapperkiste unterwegs ist und kein Geld hat, um daraus wieder einen schönen Oldtimer zu machen. Alle anderen fahren einen schicken Kleinwagen oder – für die Jungs immer ganz wichtig – so einen Lebenstraum aus Stuttgart mit Lederausstattung und Chichi inklusive einem Knopf, der außerhalb der Stadtgrenze betätigt, den Motor um einiges lauter dröhnen läßt.

Mit meinem zweiten Sohn im achten Monat schwanger, wollte ich in der großen Stadt eine Weste umtauschen fahren. Dummerweise mit dem Sportwagen vom Ex.

Autos entwickeln erfahrungsgemäß einen Eigengeruch. Durch die Schwangerschaft hatte ich eine empfindliche Nase. Der Aftershavegeruch meines Ex, der mir beim Öffnen der Tür entgegen schlug, nahm mir fast den Atem, und eine leichte Übelkeit stellte sich ein.

In der Stadt angekommen, fuhr ich ins Parkhaus. Von den wenigen freien Parkplätzen paßte leider keiner, denn wenn ich eingeparkt hatte, konnte ich die Tür nicht öffnen um auszusteigen. Das lag zum Einen an der breiten Tür des Renngefährtes und zum Anderen an meinem dicken Babybauch.

Selbst das Verlassen des Parkhauses wurde zum Hindernislauf, denn ich hatte mit Parkplatzsuche so viel Zeit vertrödelt, dass ich über den Freiminuten lag. Also mußte ich von der Schranke zum Kassenautomaten, bezahlen und wieder zurück. Total mit den Nerven zu Fuß, verschätzte ich mich in der Entfernung. Der Arm war nicht lang genug, die Münze hüpfte vom Schlitz zurück und sprang in hohem Bogen auf den Asphalt. Letztendlich kroch ich hochschwanger auf dem Boden zwischen den geparkten Autos herum auf der Suche nach diesem dusseligem Chip - Hupkonzert inklusive.

Wieder zu Hause hatte ich einen Heulkrampf – so viel Ärger nur wegen gesparter Spritkosten.

Ich kämpfte für die Jungs in der Schule - gegen Lehrer und das staatliche Schulsystem. Der Ex war auf Arbeit.

Glücklich verheiratet; alleinerziehend. Ein Paradoxon, von dem ich immer behauptete, ich würde es leben. Die Woche hat 168 Stunden. Der Ex kam freitagnachts nach Hause. War er früh, hatte die Uhr gerade zehn geschlagen. Oft verließ er uns sonntagnachmittags schon kurz nach dem Mittag, damit er ja pünktlich am Montag morgens beim Kunden war. Rechne ich seine Anwesenheit in der Familie auf die Wöchentliche um, so sind das knapp 25 %, von denen ich aber noch die Hälfte abziehe, weil der Mensch ja nachts schläft.

Da er als Eule spät zu Bett ging, schlief er morgens lange. Dann verbrachte er noch ein paar Stunden in seinem Arbeitszimmer. Wirklich präsent in der Familie war er vielleicht für 12 Stunden.

Selbst im Urlaub war der Kunde immer wichtiger als die Familie. Strandspaziergänge sahen so aus, dass er vorweg ging oder hinter uns her lief und stundenlange Telefonate führte. Wenigstens ein mal während des mühsam erkämpften Jahresurlaubs, brachte ich ihn zum nächstgelegenen Flughafen, weil es ein unverrückbares, geschäftliches Ereignis gab, das seine Anwesenheit erforderte, und holte ihn nach zwei Tagen von dort auch wieder ab.

Das Handy – sollte man doch meinen ein Fortschritt unserer Zeit – sorgte bei mir für Verdrießlichkeit. Dem Ex hatte ich einen der ersten „Knochen" besorgt, weil ich - hochschwanger – keine

Lust mehr hatte, ständig in den verschiedensten Hotels Nachrichten für ihn zu hinterlassen. Außerdem wollte ich die Chance haben, ihm dann Bescheid zu geben, wenn es denn wirklich losginge mit den Wehen.

Die Erfahrung zeigte, dass, egal wann ich anrief, der Moment immer unpassend war. Aufgrund unserer unterschiedlichen Chronotypen blieben uns auch immer nur kleine Zeitfenster, in denen ein Gespräch möglich war, wenn nicht eines dieser ominösen Funklöcher uns einen Strich durch die Rechnung machte.

War er morgens endlich aus dem Bett, war ich mit den Kindern beschäftigt. Abends meldete er sich oft gehetzt, auf dem Sprung ins Restaurant. Das Gespräch mußte vor 22 Uhr geführt werden, denn danach schloß für gewöhnlich die Küche und Bestellungen wurden nicht mehr angenommen. So ging er essen, ich dagegen zu Bett.

Karriere war für ihn wichtig. Mit der Zeit wurde er ein erfolgreicher Manager. Das war auch von Anfang an so geplant. Er sollte Karriere machen – ich würde mich um die drei Ks kümmern (Kinder, Küche, Kirche), ganz traditionell, wie wir es beide aus unseren Familien her kannten. Ich wuchs langsam in die Aufgaben hinein, die dieser Job mit sich brachte. War die Privatsekretärin des Ex und sein persönlicher Eventmanager, machte alle Termine, besorgte die Korrespondenz und Geschenke. Zu Weihnachten schrieb ich zahllose Karten an Familie und Freunde. Ich putzte, kochte, machte mit den Kindern Hausaufgaben, war Taxifahrer für den Nachwuchs. Als Modeberaterin für den Ex bestellte ich neue Hemden beim Schneider in ausgesuchten Farben und Stoffen, brachte die Hemden und Anzüge in die Reinigung und holte sie wieder ab.

Hatte er ein Handicap, so wurde ich zu seinem persönlichen Chauffeur und fuhr ihn sogar zum Kunden, wenn körperliche Gebrechen seinerseits das selbständige Steuern des Vehikels nicht zuließen.

Gegensätze ziehen sich an. Er der Kopf-Mensch und ich Bauch-Mensch. Was ich damals für attraktiv gehalten hatte, hat wohl seinen Teil dazu beigetragen, dass wir uns mit der Zeit auseinanderlebten.

Er war die Eule, die immer erst nachts zwischen eins und zwei ins Bett kam. Ich die Lerche, die schon morgens um sechs aus den Federn sprang. Dafür fallen mir spätestens kurz nach zehn abends die Augen zu. Mußte ich ihn auf Empfänge und sonstige Veranstaltungen begleiten, so wurde mir das zur Qual. So viel Kaffee konnte ich gar nicht trinken.

Hatte ich Probleme in den Schlaf zu finden, so brauchte sein Kopf nur das Kissen zu berühren, und er fing an zu grunzen. Um überhaupt schlafen zu können, zog ich aus unserem Schlafzimmer aus wenn er zu Hause war.

Einiges hatte wir probiert um Gemeinsamkeiten zu finden. Wir hatten doch schon so viel miteinander erreicht! Wir waren die perfekte Werbefamilie.

Den Sechser im Lotto hatten wir auch gewonnen. Der letzte Arbeitgeberwechsel bescherte ihm eine bezahlte Auszeit von neun Monaten – Freizeit bei laufenden Bezügen.

Nun wollten sich keine Gemeinsamkeiten mehr finden lassen. Sagte er hüh, so antwortete ich hott. Beim nächsten Mal war es umgekehrt.

Gemeinsam waren uns schließlich nur noch unser Anschrift und unsere Kinder.

Nachdem ich auch die letzte Männerbastion von ihm übernommen hatte – am Grill stand ich - war die Frage nach seiner Existenzberechtigung durchaus angebracht.

Wunschversagung auf ganzer Linie getreu dem Sprichwort: „Lieber den Spatz in der Hand als die Taube auf dem Dach!"

Es bringt nur leider nichts. Also, wozu brauchte ich meinen Ex? Emotionslos betrachtet kam ich zu der folgenden Antwort: Als Ernährer und Finanzbeschaffer.

Mutter und Hausfrau ist der schlecht bezahlteste Job erwiesenermaßen. Unerwähnt bleiben selbstverständlich die Arbeitszeit, der Urlaub und die Anerkennung.

„Überleg' es dir, Katharina! Du bist doch gut versorgt", rieten mir Freunde.

Wie sollte das denn gehen? Ich sollte mir einen Lover suchen, und der Rest würde bleiben wie er war? Das war für mich keine Option. Ebenso wenig wie mit Püppchen spielen und Familienaufstellung.

Für mich als „Fresserchen", das sich jahrelang selbst belogen hatte, in der Meinung alles, was ich für die Familie getan hatte, würde mir irgendwann wieder gutgeschrieben werden, mußte feststellen, dass diese Rechnung nicht aufging. Ich hatte zu lange zu angepaßt gelebt.

»Man muß lernen, zu sich selber ganz ehrlich und aufrichtig zu sein!« Oscar Schellbach (1957) [2]

Die Erkenntnis kam spät, aber sie kam. Selbstbe-
stimmt leben ohne sich zu verbiegen um anderen
gerecht zu werden. Ich fing von Null an, trennte
mich von den Jungs und dem Ex, brach fast mit allen Freundschaften. Wie im Krieg verbrannte ich
die Erde hinter mir und streute Salz drauf. Der
Weg zurück war nicht mehr möglich.

Geld ist nicht alles. Und so stellte ich fest, dass
es neben der festen Währung auch noch andere
Formen gab. Nämlich Zeit und Wertschätzung.
Die sind mir mittlerweile wichtiger als schnöder
Mammon und ein hipper Lebensstil. Man kann sie
allerdings nicht mit Barmitteln erwerben.

Wie das Leben so spielt

M ittlerweile hat sich viel verändert. Meine Eltern haben Deutschland den Rücken gekehrt und sind ins Warme ausgewandert. Ich besuche sie mehrmals im Jahr in der deutschen Kolonie auf der Insel im Mittelmeer. Es ist schon komisch, wenn auf einmal im Elternhaus fremde Menschen wohnen.

Die Großeltern sind schon lange tot. Omi hat am längsten durchgehalten und zahlreiche Urenkel haben sie noch miterlebt. Wenn sie wüßte, dass der Name Mejer nicht mehr fortbesteht – das war ihr immer sehr wichtig – sie würde sich im Grab umdrehen.

Thomas heiratete eine GroKaTo (Großkapitalistentochter), stieg in die Firma ihrer Eltern ein und nahm ihren Namen an. Später wurde er Hausmann und überließ das Geldverdienen seiner Frau.

Matthias war als medizinischer Bademeister immer sehr von den Frauen begehrt, stellte aber irgendwann im Laufe seines Lebens fest, dass er an Männer eher Gefallen findet denn am weiblichen Geschlecht.

Frisch geschieden nahm ich zwar wieder meinen Mädchennamen an, aber der Nachwuchs trägt den Namen vom Ex.

Thomas und ich haben nicht so den Draht zueinander, und Matthias ist nach Dänemark ausgewandert, wo er schon vor Jahren eine Märchenerzählerausbildung machte. Die Dänen sind da ganz groß drin. Nun schreibt er für Privatleute Märchen und kann gut davon leben.

Nach fast 25jähriger Ehe hatte ich meine Jungs und den Ex verlassen um in Ruhe über mich selber nachdenken zu können und das Leben zu führen, was meinen Zipperchen und Talenten recht wird.

Dank einer kleinen Erbschaft habe ich mein Leben noch einmal komplett umgekrempelt. Da die Eltern nicht mehr im Lande waren, war es auch egal, wo ich wohnte. Meinen regulären Job hängte ich an den Nagel und wurde selbständig.

Ich bin ins Auenland gezogen an meinen Lieblingsfluß, keine hundert Kilometer von meiner Geburtsstadt entfernt. Zum Verkauf stand eine alte Scheune gleich hinter dem Deich mit mehreren tausend Quadratmetern Land und kleinen Wirtschaftsgebäuden.

Aus 40-Fuß Containern ließ ich zwei Tiny Houses bauen, die ich von Ende März bis Anfang November an Touristen vermiete. Die Scheune befindet sich wohl noch für Jahre im Umbaustadium. Atelier und Laden sind eingerichtet und immer dann geöffnet, wenn Bedarf ist.

Der Renner ist allerdings die Badestube, die ich eigentlich für mich konzipiert hatte. Ich vermiete sie erfolgreich, vornehmlich an vermögende Städter, die hier ihren Streß wegbaden.

Sie ist in einem Teil des alten Stalles untergebracht, ausgestattet mit einem großen, hölzernen Zuber, einem Bullerjahn, großem Flachbildfernseher an der Wand, einem alten Waschtisch und einer wunderschönen Chaiselongue.

Meine Tage verlaufen ruhig, ohne nennenswerten Streß, mit viel Sport und kreativem Handwerk, Musik und Fotografie.

Ratgeber

Für den Durchschnitt, der dieses Buch gelesen hat, obwohl es nur für große Mädels gedacht ist, gilt:

Also, seien Sie nett zu großen Mädels und gaffen wenn möglich nicht. Versuchen Sie Ihren Zeigefinger umzulenken und popeln lieber verlegen in der Nase, als auf eine große Frau zu zeigen, denn schließlich kann sie nichts dafür, dass sie so groß ist. Genauso wenig wie Sie etwas dafür können, dass Sie nur zum Durchschnitt gehören.

Und wenn Sie unbedingt nach der Größe fragen müssen, so lassen Sie sich Zeit, bis Sie sie etwas besser kennengelernt haben. Denn ganz ehrlich – was geht es Sie an? Nichts, oder? Es ist nur die Befriedigung der persönliche Neugierde.

Wenn ich im Gegenzug nach der Größe frage, ernte ich irritierte Blicke.

„Äh, … wieso?"

Genau deswegen!

Für die Muttis großer Töchter:

Liebe Muttis!

Vereinbart mit der Kindergärtnerin/Grund-
schullehrerin, dass das Mädel bei Fotos immer am
Rand der Gruppe stehen oder vor der Gruppe sitzen darf! Genau so gut könnte man mal alle
großen Kinder in den Vordergrund stellen. Die
Kleinen müssen dann auf eine Bank hinter die
Großen. Da kann jedes Kind mal neue Erfahrungen sammeln – wie das so ist mit vorne und hinten.

Spendiert der Tochter eine Stilberatung. Für ex-
ponierte Lebewesen ist es wichtig, dass sie gut ge-
kleidet sind und damit meine ich nicht die Edel-
marken!

Da sie eh schon auffällig sind, sollte besonderes
Augenmerk auf das Wie der Kleidung gelegt werden, damit aus dem Paradiesvogel nicht versehent-
lich ein lächerlicher Clown wird. Einen weiblichen
Sitzriesen in ein Minikleid zu stecken oder aber
mit Hüfthosen zu bestücken sieht äußerst merk-
würdig aus, denn der lange Oberkörper wird dadurch noch extra betont.

Ganz wichtig ist hier der goldene Schnitt! Hierbei handelt es sich um das Prinzip ästhetischer Proportionierung, d. h. Teilungsverhältnis einer Strecke oder aber einer anderen Größe. Die Formel lautet (a + b) : a; wird sie erfüllt, so entsteht der Eindruck, dass etwas schön oder aber stimmig ist.

Um sich selber ein wenig zu vermessen, macht man von sich am besten ein Foto in Leggins und eng anliegendem Trägertop. Wenn der Bund der Leggings bis zum Bauchnabel reicht, hat man auch hier schon die Körpermitte. Nun kann man den Körper und die einzelnen Gliedmaßen ausmessen und zueinander ins Verhältnis setzen. Beine zu Rumpf, Oberschenkel zu Unterschenkel – so auch die Arme. Per Dreisatz läßt sich das dann auch auf die reelle Größe übertragen.

Mutige machen noch ein Foto von hinten. (Da das Handy heute zur Standardausstattung gehört, ist die Kamera ja immer mit dabei.) Am besten bittet man jemanden darum oder arbeitet mit Selbstauslöser. Kaum jemand ist so kritisch wie wir selber. Nicht immer trifft man auf ehrliche Verkäufer. Der Sattler, der einmal für mich eine Lederhose anfertigte, sagte:

„Mädel, nimm Taschen!"

Zu Recht!

Da kann man sich vor dem Spiegel noch so sehr verdrehen, das Foto zeigt uns so, wie andere uns sehen.

Wer selber Spaß am Nähen hat, dem möchte ich noch das „Lutterloh System" ans Herz legen. Ein Zuschneidesystem, das es schon seit 1935 gibt. Dieses System bezieht sich auf den Goldenen Schnitt. (Die Spannweite der ausgestreckten Arme ist gleich die Körpergröße, welche acht mal die Kopflänge enthält. Die Länge der Hand entspricht der Länge des Gesichts. Die Länge des Unterarmes ist gleich der Länge des Fußes).

Wer lange Hosen braucht, der ist in den Kleinanzeigen gut aufgehoben. Einfach nur Länge und Bundweite eingeben. Gute Erfahrung habe ich mit Hosen mit einem Anteil mit Elastan gemacht. Sie kosten nur ein Bruchteil von dem, was man im Laden berappen muß. Oder aber im Second Hand Laden – mit Option wie nachfolgend beschrieben, falls die Länge nicht stimmen sollte.

Blümchenborten sind ab einem gewissen Alter nicht mehr angebracht. Viel cooler ist es unten einen überdimensionierten Umschlag à la Rockabilly aus Jeansstoff anzunähen. Damit kann man die Naht kaschieren und je nach Breite auf Zuwachs arbeiten. Jeansstoff bekommt man in jedem Stoffgeschäft oder abgeschnittene Hosenbeine in den großen Jeansläden, die einen Änderungsservice anbieten. Vielleicht hat ja auch die Schneiderin noch Reste.

Vollkommen baff hat mich mal eine Freundin angesprochen, woher ich denn meine langen Jeans hätte. Die müßten ja extrem lang sein, dass ich sie noch so umkrempeln könnte. Fake it - wie es heute so schön heißt.

Einen guten Kompromiß finde ich die Maßkonfektionäre. Wer den Schneider aufgrund der hohen Kosten scheut, aber mit Produkten der großen Handelsketten nicht glücklich ist, der kann hier anhand von vorgefertigten Schnitten Maßkonfektion erwerben, die extra für ihn angepaßt wird. Anzug und Kostüm sitzen wesentlich besser als die von der Stange.

Amerikanische Textilversandhäuser sind inzwischen leider keine Alternative mehr. Wie hatte ich mich damals gefreut, als ich die Hose mit den längsten Beinen auswählen konnte und dazu noch auf das Säumen verzichtete. Da gab es dann auch endlich lange Jeans für mich.

Wie schön, dass es heute dafür einen Onlineshop gibt, der sich auf lange Hosen für Frauen spezialisiert hat. Alles bestens. Sogar Längen von 37/38 sind da möglich. Es ist ein deutsches Unternehmen aus Cloppenburg.

Overknees – Mädels mit langen Beinen sind hier wirklich gekniffen. Nuttenstiefel gibt es viele, aber wirklich schöne Exemplare mit flachem Absatz gehen oft nur bis zum Knie. Alternativ trage ich gerne Stulpen, einen Modetrend aus den 80ern, und bei Balletttänzern Standardausrüstung. Wohl dem, der das Handwerk noch beherrscht, der kann hier kostengünstig selber produzieren. Hilfreich ist auch immer noch Omi, wenn sie noch stricken kann. Je nachdem wie weit sich das Bündchen dehnen läßt, kann man auch von Kniestrümpfen den Fuß abschneiden. Fix mit der Overlock drüber nähen, und schon ist man Besitzer von tollen Legwarmern.

Pullover lassen sich optimal verlängern mit einem Nierenwärmer und passenden Stulpen. Auch hier kann man in Eigenregie Mode ganz wunderbar selber gestalten. Egal ob in poppigen Farben oder in schlichtem Uni, ob edles Material wie Cashmere, feinstes Merino oder 100 % Polyester. Wer mag kreiert mit Perlen oder mit Kristallen das gewisse Extra.

Diese kleinen Accessoires sind schnell herge-
stellt und eröffnen ungeahnte Kombinationsmög-
lichkeiten. Ein Dreieckstuch komplettiert den
Look.

RVO - Raglan von oben. Diese Art des Pullover-
strickens ermöglicht jederzeit die Kontrolle über
das Arbeitsstück, da man immer wieder durch Anziehen den aktuellen Status hat und dadurch be-
stimmen kann, wie lang Ärmel und Rumpf werden sollen/müssen. Ein paßgenauer Pullover!

Seid ein gutes Vorbild und macht Sport – am besten mit der Tochter zusammen. Die Sportart, zu
der sie Lust hat, aber auch Ausdauer und Muskel-
training. Ein großer Körper braucht Haltung. Die
bekommt er nur durch trainierte Muskeln.

Küche ist teuer. Aber ständig mit krummen Bu-
ckel zu arbeiten ist ungesund. Zu prüfen wäre, ob
ein gemauerter Sockel evtl. Abhilfe schaffen kann.
Dann könnte man sogar eine Standardküche nehmen und müßte nicht teuer für angepaßte Arbeits-
höhen bezahlen.

Guckt im www nach großen/langen Leuten. Es
macht einfach Spaß unter Gleichgesinnten zu sein.

Und versucht Kontakt zu anderen großen Mädels zu knüpfen. Das tut gut!

Résumé

„Der Preis der Größe heißt Verantwortung."

- Sir Winston Churchill -

Hat mir meine Größe nun einen Vorteil verschafft? Bedingt. Sie steht stellvertretend für Stärke, Macht und Verantwortung. Ich kann sie nicht ablegen wie eine schlechte Gewohnheit. Sie bleibt mir erhalten – mein Leben lang. Und Verantwortung mußte ich schon früh lernen.

„Du bist ja schon groß!" - waren doch die zwei Brüder noch klein. Das Los der Erstgeborenen kam dann noch hinzu.

»Wer das Außergewöhnliche will, muß selber außergewöhnlich sein.« Oscar Schellbach (1957) [3]

Die Größe macht mich außergewöhnlich, obwohl ich nicht den Wunsch hatte es zu sein – ganz im Gegenteil. Die Vielzahl meiner Talente machen es ebenso. Dazu zu stehen und diese Dinge anzunehmen, heißt aber auch den Willen haben dies zu ertragen und zu leiden. Es lebt sich leichter, wenn man das akzeptiert.

Und so trage ich heute wieder liebend gern hohe Schuhe. Werde ich dann auf meine Größe angesprochen, so verweise ich auf die Absätze. Damit geben sich die Leute meistens zufrieden.

„Größe isoliert."

- Karl Ferdinand Gutzkow -

Das stimmt. Denn man gehört zwar immer irgendwie mit dazu aber nur irgendwie, weil man doch recht anders ist als die Anderen.

„Gleich zu Gleich gesellt sich gerne."

- Sprichwort -

Es ist naheliegend, aber ich kam erst sehr spät auf die Idee nach anderen großen Leuten Ausschau zu halten. Es gibt sie. Sie sind gut organisiert im www zu finden. Kaum etwas ist schöner, als in einer Gruppe gleichgroßer Menschen Zeit miteinander zu verbringen. Sei es tanzen, Motorrad fahren oder einfach nur frühstücken. Dann nehme ich ein Bad in der Menge und weiß wie gut es sich anfühlt, wenn man „normal" groß ist.

„Was uns nicht umbringt, macht uns nur härter."

- Sprichwort -

So ist es. Die Kunst heißt annehmen und mit den Steinen, die uns das Leben in den Weg legt, schöne Dinge bauen. Viel Trauriges war in der Kindheit mit dabei. Alles hat seine Berechtigung. Jedes Geschenk von Mutter Natur, auch wenn die Verpackung und der Inhalt auf den ersten Blick Kacke ist, annehmen und lernen damit umzugehen und zum Vorteil zu nutzen.

Hatte ich als Model keine Chance, so habe ich mich für meine eigene Mode vor die Kamera gestellt. Zu alt für eine Sprecher-/ Moderatorenausbildung? Meine Podcasts werden immer häufiger gehört. Sängerkarriere unmöglich? Ich bin dabei mir ein kleines Studio einzurichten. Mache meine eigene Musik, bin stolze Besitzerin einer kleinen Herde Schafe, deren Wolle ich selber verarbeite, habe ein kleines Atelier mit Laden und vermiete zwei Tiny Houses an Touristen.

Letztendlich habe ich alles umgesetzt, was der Ex müde abwinkte, weil es ein Herzenswunsch und ein echtes Bedürfnis war und ist.

Die Ehe hätte von Anfang an unter einem schlechten Stern gestanden, sagte Matthias einmal zu mir. Der Standesbeamte hatte damals vergessen in seiner Zeremonie den Ringetausch zu berücksichtigen. Auch die Jadefigur, ein Glücksbringer, Geschenk einer Nenn-Tante, war beim Transport von Asien nach Europa zerbrochen. Welch schlechtes Omen!

Das kleine, häßliche, grau behaarte Männlein ist von meiner Schulter verschwunden. Es kam immer seltener je mehr Kilos purzelten.

Es gibt immer einen Weg. Man muß ihn nur gehen. Jede Entscheidung hat einen Preis. Sich von Kindern und Ex zu trennen, auf jedwede finanzielle Unterstützung zu verzichten und noch einmal ganz von vorne anzufangen, nach 16 Jahren Hausfrauendasein zurück auf den Arbeitsmarkt – was nicht funktionierte – ist hart.

Genierlich trat ich den Weg zum Arbeitsamt an, meldete mich arbeitssuchend wie es heute so schön heißt, machte eine Weiterbildung in Sachen SAP, um dann ganz langsam und über viele Umwege dahin zu kommen, wo ich heute bin.

Meine Größe und meine Zipperlein haben mich gezwungen, mich mit mir selber auseinander zu setzen. Puzzleteil für Puzzleteil habe ich meine Talente vereint und zu mir als großer Frau zusammengesetzt und bin stolz auf das, was ich erreicht habe und das, was mich auszeichnet.

Die Brötchen verdiene ich heute mit einer Anzahl unterschiedlicher Tätigkeiten, die es mir erlauben viel Zeit mit mir und meinen Vorlieben zu verbringen. Einen richtigen Beruf übe ich nicht mehr aus. Ich bin eher so geworden wie Onkel Justus.

Künstler – Lebenskünstler.

Gesundheit, der Geburtstagswunsch, der bei den Großeltern immer an erster Stelle auf den Glückwunschkarten stand, ist mein oberstes Ziel geworden, denn mit ihr hängt alles zusammen. Sie ist der Kitt für Körper, Geist und Seele.

„Wer glaubt, keine Zeit für seine körperliche Fitness zu haben, wird früher oder später Zeit zum Kranksein haben müssen."

- Aus China -

Mark Lauren sagt es in seinem Buch „Fit ohne Geräte" noch deutlicher:

»[...] unser wahres Zuhause ist *nicht* unsere Wohnung, unser Haus, unsere Stadt oder unser Land, sondern unser Körper. Er ist das Einzige, worin Sie, Ihre Seele und Ihr Verstand immer leben werden, solange Sie auf dieser Erde sind. Es ist der allerwichtigste physische Gegenstand, um den Sie sich auf dieser Welt kümmern sollten.« [4]

Und nun zum Schluß:

„Phänomenal! Echt krass! Exzellent, ihre durchschnittliche Größe!"

Schon mal gehört? Ne, ne? Oder vielleicht mal Ohrenzeuge geworden von:

„Sie sind ja von so mirakulösem Kleinwuchs! Wären sie mal so nett, und würden mir aus dem untersten Regal ein Glas Mixed Pickles herausangeln? Sie sind ja dem Erdboden viel näher als ich und brauchen sich nicht so zu bücken. Das macht ihnen doch nichts, oder?"Gehört habe ich solche Bemerkungen bis heute nicht. Es wäre aber zu vermuten, dass es sie gibt – der Gerechtigkeit Willen halber alleine schon.

Adressen im Web

Jeder weiß wie schnellebig das Internet ist. Von daher gilt für die unten genannten Links, dass sie zum Zeitpunkt der Bucherstellung aktuell waren.

Des Weiteren gilt auch:

Auf den Inhalt der unten genannten Websites habe ich keinen Einfluß und kann für die fremden Inhalte auch keine Gewähr übernehmen. Dafür ist der jeweilige Anbieter oder Betreiber der Seiten verantwortlich. Die verlinkten Seiten wurden zum Zeitpunkt der Verlinkung auf mögliche Rechtsverstöße überprüft. Rechtswidrige Inhalte waren zum Zeitpunkt der Verlinkung nicht erkennbar.

Portale für große Leute

https://www.grosseleute.de/

https://www.klub-langer-menschen.de/

Blogs von großen Frauen

https://schoenlang.de/

https://sarah-grossartig.de/kategorie/miss-gross-artig/

https://www.sunnys-side-of-life.de/

Mode

https://www.tall-berlin.de/

https://www.highleytall.de/mode-lange-frauen-.html

https://www.asos.de/damen/tall/cat/?cid=18984

https://www.egue.de/

https://www.zalando.de/mode-fuer-grosse-frauen/

https://www.melongia.de/damenkleidung/

https://www.lange-damenhosen.de/

https://www.pett-mode.de/

http://www.grossetoechter.de/index.html

https://www.longtallsally.com

https://www.ilovetall.com/

https://www.beautypunk.com/hoch-hinaus-mode-fuer-grosse-frauen/

https://www.dolzer.com/filialen/

Zuschneidesystem der Goldene Schnitt

https://lutterloh-system.de/

Mode von einer großen Frau für große Frauen

https://www.paulundpiske-modedesign.de/

Große Frauen finden sich vornehmlich im Norden Europas. Wer lange Ärmel bei Jacken und Mänteln braucht, dem sei zu Mode aus Skandinavien geraten.

Quellenangaben

1. prokrypto, Kryptopyrrolurie - die vergessene Stoffwechselstörung, [http://www.pro-
   krypto.de.rs/folgeschaeden-der-kpu,
   26.10.2018]

2. Schellbach, Oscar: Redekunst von A – Z,
   Band 3, S. 21, 1957 Baden-Baden: Oscar
   Schellbach   Verlag

3. Schellbach, Oscar: Redekunst von A – Z,
   Band 2, S. 6, 1957 Baden-Baden: Oscar
   Schellbach Verlag

4. Lauren, Mark: Fit ohne Geräte, 4. Auflage
   2012, München: riva VerlagText

Zeitfracht Medien GmbH
Ferdinand-Jühlke-Straße 7
99095 Erfurt, Deutschland
produktsicherheit@kolibri360.de